Aufigschtieg'n
obagfåll'n
hingwös'n

W0070502

Hinaufgestiegen
heruntergefallen
tot gewesen

Die Deutsche Bibliothek – CIP-Einheitsaufnahme
Reiter, Martin: Aufigschtieg'n – obagfall'n – hingwös'n.
Marterlsprüche und Grabinschriften aus den Alpen /
Martin Reiter. – Schwaz: Berenkamp, 1992
ISBN 3–85093–020–3

ISBN 3–85093–020–3
1. Auflage 1992
3. Auflage 1995

© **Berenkamp Verlag Schwaz**
Druck und Bindearbeiten: Athesia Tyrolia Innsbruck
Gedruckt in Österreich / Printed in Austria
Nachdruck und Vervielfältigung verboten

Martin Reiter

Aufigschtieg'n obagfåll'n hingwös'n

Marterlsprüche und Grabinschriften aus den Alpen

Mit 57 Abbildungen

Berenkamp

Ein paar Gedanken voraus

Des Menschen Tod ist unbestimmt
wie alles hier auf Erden,
wann Gott, der Herr, die Seele nimmt,
kann nicht ermittelt werden.
Drum zitt're, Mensch, und sei bereit,
denn nachher kommt die Ewigkeit!

Im Jahr 1900 wurde im Tiroler Ort Kramsach ein Kunstschmiedebetrieb gegründet, der nun schon in dritter, geradliniger Meistergeneration geführt wird. Hans Guggenberger ist der heutige Meister der „Sagzahn-Kunstschmiede". Die Kunstwerkstätte ist Tirols führende Kunstschmiede; sie hat ihren Namen von dem markanten Felszacken des Sonnwendmassivs im Rofangebirge, an dessen Fuß der Betrieb nach der kriegsbedingten Zerstörung neu errichtet wurde.

Das große und besondere Verdienst der drei Meistergenerationen Guggenberger liegt darin, ihr handwerkliches Können in den Dienst der Wiederbelebung jener ehrwürdigen Gottesackerkultur gestellt zu haben und zu stellen, die im alpenländischen Raum die Friedhöfe zu besinnlichen, ja frohen Orten der Begegnung mit den Toten macht. Die geschmiedeten Grabkreuze sind Liebeszeichen, deren hoffnungsvolles Rankenwerk das gläubige Bewußtsein auf ein Wiedersehen tröstend umschlingt.

Hans Guggenberger sammelt seit Jahrzehnten die alten „hinausgeworfenen" Grabkreuze und bewahrte dadurch viele Zeugnisse der Schmiedekunst aus ganz Tirol und Bayern. In den Jahren 1965 bis 1966 begann er mit dem Aufbau eines „Friedhofes ohne Tote", in dem die Schmuckstücke alter Handwerkskunst einen würdigen Platz erhielten und der Besucher durch die begleitenden Inschriftensprüche froh und versöhnlich über das Werden und Vergehen nachdenken kann.

„Die Erde soll dir leicht sein", so lautet ein Bibelspruch, und wohl nirgends kommt einem der tiefere Sinn dieser Worte so eindrucksvoll ins Bewußtsein wie im „fröhlichen Friedhof" der Sagzahn-Kunstschmiede in Kramsach, von wo aus die Idee tra-

ditionswürdiger Grabgestaltung wieder belebt, überall aner-
kannt und nachgeahmt wurde. Die teilweise lustigen Marterlsprüche und Grabinschriften auf den Tafeln entlocken einem so
manchen Lacher, was auf dem Friedhof der Sagzahnschmiede
jedoch keineswegs pietätlos ist, denn dort findet sich höchstens
ein alter Knochen, den ein Hund vergraben hat.

Angeregt durch die Idee Guggenbergers, habe ich mich auf
die Suche nach Marterlsprüchen und Grabinschriften gemacht.
Viele habe ich gefunden – in freier Flur oder in alten Nachrichten
und Büchern. Einen Großteil davon wählte ich für dieses Büch-
lein aus und versuchte, sie einigermaßen geographisch zu ord-
nen.

Eines möge gleich festgehalten sein – es handelt sich bei keinem der Sprüche um eine Erfindung meinerseits. Alle sind origi-
nal und können nachgewiesen werden. Mag auch der eine oder
andere Spruch wegen seiner Derbheit oder Ausgefallenheit un-
glaublich klingen, so muß bedacht werden, daß unsere Vorfah-
ren eine völlig andere, „natürlichere" Beziehung zum Tod hat-
ten als wir. Im letzten Jahrhundert hat sich viel geändert, das
Thema „Tod" ist zum Tabu geworden, man will den Tod verdrän-
gen, obwohl er uns täglich vor Augen geführt wird. Betrachten
wir nur die täglichen Meldungen der Medien. Früher gehörte der
Tod zum Leben wie die Geburt. Es war etwas Natürliches zu sterben. Vielleicht hilft dieses Buch, die eine oder andere innerliche
Barriere zu überwinden.

Dieses Buch ist Hans Guggenberger gewidmet, der in unzäh-
ligen Stunden und mit beträchtlichem finanziellen Aufwand ohne fremde Hilfe einen weltweit einzigartigen Museumsfriedhof
geschaffen hat, der allen Besuchern frei zugänglich ist. Er hat damit ein Stück Tiroler Kultur erhalten. Es ist zu hoffen, daß wenigstens die kommenden Generationen seine Arbeit zu schätzen
wissen.

St. Gertraudi im März 1992   Martin Reiter

Inhalt

Marterltafeln

Eine eigenartige Stimmung überkommt einen, wenn man an sogenannten „Marterln" vorbeikommt. Ich selbst halte es dann oft so, wie es eine Marterl-Inschrift erbittet:

O Wandersmann, halt' ein, eil' nicht vorüber hier,
ohn' ein Gebetsgedenken still zu schenken mir!

Man müßte schon ein gemütsarmer Mensch sein, wollte man diese – heute nur noch spärlich vorhandenen – Erinnerungszeichen nicht beachten und näher betrachten. Die Marterln erzählen vieles, besonders über das gläubig-vertrauende Volksempfinden. Das schlichte Bergvolk, geprägt vom Glauben an das Jenseits, brachte an der Stelle, wo Vater oder Mutter, ein Bub oder Mädchen, ein Weiblein, ein Greis, wo das Kind, der Holzknecht oder Jäger, der Holz- oder Heuzieher, der Tal- oder Höhenwanderer vom Tode überrascht wurde, ein Erinnerungszeichen an – in Form eines Kreuzes mit Inschrift oder einer einfachen Tafel aus Holz oder Blech mit Daten und bildlicher Darstellung des Herganges des traurigen Geschehens.

Oberflächliche Menschen lächeln gerne über die manchmal naive bildliche Darstellung oder die holprigen Verse. Manche neigen dazu, Bild oder Text zu kritisieren und meinen, darin Produkte allzu schlichter Geister zu erkennen. Ernstere Betrachter aber fühlen die Wucht, die aus den Bildern und Worten spricht, sie erahnen die tückischen Gefahren, denen der Bergbewohner ausgesetzt ist, erkennen den schweren Arbeits- und Daseinskampf des Alpenmenschen und erfahren von dessen tiefreligiösem Sinn, seiner Auffassung über die Verbindung von Diesseits und Jenseits. Menschliche Einzelschicksale und mancher bodenständige Wesenszug, der im Volk auch heute noch wurzelt, können von den Marterln und Gedenktafeln abgelesen werden.

Jeder, der mit offenen Augen und freudigem Herzen Gottes wunderbare Natur durchwandert, kann aus den Marterlsprüchen manche Lebensweisheit ziehen, sei es vom religiösen oder vom heimatkundlich-wissenschaftlichen Standpunkt aus. Die Bilder auf den Erinnerungszeichen stellen historische Ereignisse dar – Kriegshandlungen zum Beispiel; vorwiegend jedoch zeigen sie Elementarkatastrophen wie Überschwemmungen, Feuersbrünste, Bergstürze oder Stürme zu Wasser und zu Land; sie geben Einblick in gewesene und zum Teil noch bestehende, schwere Wirtschafts-, Erwerbs- und Berufsverhältnisse im Bergland. Flößerei und Frächterei zu Wasser und zu Lande, Holztrifter, Holzknechte, Heuzieher, Alpleute, Jäger, Bergknappen, Soldaten – sie alle und andere Berufe begegnen einem.

Der Betrachter erkennt aus dem Bild, wie die Umgebung, sei es Landschaft oder Baulichkeit, zur Zeit des Geschehens gewesen ist, oder erhält Aufschluß über alte Sitten und Gebräuche. Da der (oder die) Verunglückte(n) meist in der Tracht ihrer Zeit dargestellt sind, haben die Marterln auch eine nicht zu unterschätzende kulturhistorische Bedeutung.

In der ruhigeren und glücklicheren Zeit von „damals", in der jeder Landbewohner noch regen, ja oft ergreifend brüderlichen Anteil nahm am Schicksal seiner Mitmenschen, errichtete ein frommer Sinn der mitfühlenden Verwandten und Bekannten dem jäh (und häufig unter Qualen) aus dem Leben Gerufenen an der Stelle des Unglücks ein „Marterl", das zugleich auch einen mahnenden Sinn für die Vorübergehenden haben sollte.

Damit will unsere, von „guten alten Traditionen" abgekommene Zeit nicht mehr viel zu tun haben. Ich selbst erinnere mich noch an einige Marterln in meiner heimatlichen Umgebung, die spurlos verschwunden sind und von denen heute niemand mehr etwas weiß. Wie schade! So hing an einer mächtigen alten Fichte eine Tafel, worauf Bild und Inschrift vermeldeten, daß hier beim „Taxenschnoaten" ein lebfrischer Bauernbub sein Leben durch einen unglücklichen Sturz vom Baume lassen mußte. Darunter stand noch zu lesen:

Nach Gottes Will'n fiel ich von diesem Baum herab.
Er ward den jungen Jahren mein ein frühes Grab.
O betet zu Jesu Barmherzigkeit
für meiner Seele ew'ge Seligkeit!

Eingangskapelle zum Museumsfriedhof Kramsach, der vom „Sagzahn-Schmied" auf einer kleinen, bewaldeten Hügelkuppe angelegt wurde und den Besuchern frei zugänglich ist.

Die alte „Feichte" steht wohl noch am Berghang, aber keine Tafel an ihr gibt mehr Kunde vom Geschehen.

In einem stillen Almgraben führt der Weg an einem großmächtigen Felsblock vorbei. Er schien mit seinen glatten Wänden unbesteigbar, und darum blühten droben in der kleinen Mulde noch seltene Wunderblumen, weiße Almrosen etwa, von denen die Sage geht, daß sie nur von Unschuldigen gesehen und gepflückt werden können. Einer jungen Sennerin gelang es einmal, den unzugänglich scheinenden, frei daliegenden Riesenstein zu erklimmen. Sie pflückte mit Freude die Blütenpracht. Doch mit dem Strauß in der Hand konnte sie sich nicht mehr festhalten; der Sturz aus der – an sich nicht allzu großen – Höhe hätte keinen traurigen Ausgang genommen, wenn nicht ringsum scharfkantige Steine gelegen wären. An einem solchen schlug der Kopf des Mädchens auf, und es mußte tot hinweggetragen werden. Anno Domini? Man weiß es nicht mehr! Bekannt ist nur, daß bis vor kurzem an dem Felsen ein Marterl von ergreifender Innigkeit hing. Ein junges, blitzsauberes Mädchen in der hübschen Miederröckltracht lag in bleicher Todesschönheit am Boden, den Kopf halb an den Stein gelehnt, um den rotes Blut rieselte. Die Hand, die den Strauß mit den weißen Blumen hielt, hatte sich im Auffallen auf das Herz gesenkt. Im „Vers" spricht die Heimgegangene:

Lebt wohl, ihr Eltern mein und Anverwandten,
ihr lieben Almleut' all und all' Bekannten!
Ein unglücksel'ger Schritt
nahm mir mein junges Leben.
Doch Gott hat meiner Bitt'
Erfüllung auch gegeben.
Die Unschuld, meine schönste Habe,
trug unversehrt ich mit zu Grabe.
Ich geh' in weißer Almenrosen Schein
voll Freud' in Gottes lichten Himmel ein!

Kein Mensch findet heute noch das schöne Bild, kann die ergreifenden Worte lesen – verschwunden ist, was der Einheimische hoch in Ehren hätte halten sollen. Das gleiche Schicksal widerfuhr wohl auch jenem Marterl, von dem Ella Gandner weiß, daß es in ihrer Jugendzeit auf einem Fenstersims der Johannskapelle in Fieberbrunn herumlag.

Sie erzählt: „Ich habe dieses Marterltaferl oft in der Hand gehalten und betrachtet. Darauf war der Grießenbodener Almkessel dargestellt, über den ein ganz plötzlich hereinbrechendes, heftiges Hochwetter zog. Die scheu gewordenen Kühe rannten schützenden Almhütten und 'Schermtaxen' zu, unter einem solchen Baume aber lag die vom Blitz erschlagene Sennin. Über einer Wolke schwebte die Gottesmutter mit dem Jesuskinde." Die Inschrift lautete: Hier ist die tugendsame Jungfrau Anna Stöckl, Bauerstochter zu Hollern in Oberndorf, den 8ten Juli 1848 vom Blitz erschlagen worden.

> Dies Denkmal der Verblichnen hier
> sei Mahnung schnellen Todes dir!
> Warnend rufet es dir zu:
> Am Rand des Grabes schwebest du!

„Altmodische" Worte stehen oft in einer Marterlinschrift – es ist die Sprache des Volkes und der damaligen Zeit. Sie bergen häufig Ausdrücke und Wendungen wie „ehrengeachtete, tugendreiche, edelfeste Jungfrau" oder „ehrsamer, frommer, braver, arbeitsamer Jüngling" und dergleichen. Manche von diesen Bezeichnungen sind aus dem ländlichen Sprachschatz mittlerweile völlig verschwunden – armer und armmachender Zeitgeist!

Mit der kurzen Beschreibung einiger weiterer, alttirolischer Bauernmarterln seien diese als Erzeugnisse echter Frömmigkeit und hochstehender Volkskunst charakterisiert:

Ella Gandner berichtet von einem Marterl in Kitzbühel: „An der Abzweigung des Weges zum Ganingerdörfl am Zaun, umrahmt vom Gebüsch, das Gemälde – die Sixtinische Madonna darstellend (eines der vollendetsten und erhabensten Andachtsbilder. Um 1515 für eine Kirche in Piacenza vom großen italienischen Maler Raffael, gest. 1520 zu Rom, geschaffen. Das wunderbare Originalgemälde wurde ab 1753 in der Dresdner Galerie

ausgestellt). Die Inschrift besagt: „Gedenke im stillen Gebete
des am 11. Jänner 1884 beim Taxenziehen verunglückten Sebastian Tagwerker, Bauernsohnes zu Jodler.

Von Adams Erben muß ein jeder sterben.
Man weiß nicht wie, ob so oder so.
Doch ist es nicht weit in die Ewigkeit –
um 6 Uhr ging ich fort, um 8 Uhr war ich dort.
3 Vater unser."

Am Weg über den Röhrerbühel bei Oberndorf nahe St. Johann in Tirol – bekannt durch seinen Bergsegen in früheren
Jahrhunderten – erblickt man bei der verrammelten Einfahrt
beim „Uhrnhäusl" ein mitgenommenes Marterl. Es berichtet von
der Tochter des Linderbrandbauern, die am 26. März 1861 auf
dem Schulweg grausam ermordet und um 10 Uhr abends vom
Vater gefunden wurde.

Die entsetzliche Tat hatte der berüchtigte und weitum gefürch-
tete „G'waltwolferl" – Wolfgang Fischbacher aus Kössen – be-
gangen. Das „Volksg'sagat" erzählt, der Unhold habe mehrere
Morde auf sein Gewissen geladen, weil er sich die Kraft des Un-
sichtbarmachens aneignen wollte. Nach den Angaben in einem
alten Zauberbuche sollte dies gelingen, wenn der Betreffende
neun Herzen unschuldiger Mädchen noch lebenswarm verzehrt.
Furchtbarer Wahnwitz des Aberglaubens! – Die Hinrichtung des
G'waltwolferl am 14. Dezember 1861 war die letzte öffentliche
„Malefizhandlung" in Innsbruck.

Gandner erinnert sich auch an ein Marterl, das einen Plätten-
zug darstellt. Zwei Paar Pferde mit auf ihnen reitenden Fuhrknech-
ten ziehen die Plätte stromaufwärts, der Inn führt Hochwasser.
Über der bewaldeten Berglandschaft schwebt auf den Wolken
der Evangelist Johannes – als Namenspatron des Verunglückten.
Die Inschrift lautet:

„Um diese Gegend ist Johann Theill in Lintz im Monat November 1830 vom Pferde gestürzt und hat durch den Wassertod
das ewige Leben gefunden im 27. Jahr seines Alters.

Lebt wohl, ihr Anverwandten,
ihr Freunde und Bekannten!
Mein Leben ist dahin!
Ich war gesund und munter,
das Unglück schlug mich unter,
mein Grabstatt ist der Inn.
O Wandrer, stehe stille
und schenk' aus Herzensfülle
mir Armen ein Gebeth!
Ich werde Gott auch bitten,
daß es dir auf allen Schritten
recht gut und glücklich geht.
Vater unser. Ave Maria."

Im Wattental: Das Bild zeigt eine jähe Felsenwand, unter der die Ache vorbeitost. Ein Holzknecht stürzt herab.

„Zu Haus bin ich im Kärntnerland,
gestorben in Tirol.
Beim Holzen auf der Gamssteinwand,
da ward mir nimmer wohl.
Geschehen ist's am Laurenzitag,
daß ich maustot herunten lag.
Ich, Raimund Viertler, war kaum 30 Jahr,
als man mich legt' auf die Totenbahr.
Gedenket im Gebete mein,
so werde ich euch dankbar sein! 1904."

Im Tiroler Oberinntal, in Unter-Mieming, steht zu lesen: "Gabriel Hirsch von Zain, welcher 37 Jahre alt am 8. März 1847 mit einem Taxpflärn verunglückt und seinen Tod gefunden. Gnade der Seele!

Wo und wie man wird sterben,
unbewußt ist jedem dieß.
Nur daß alles auf der Erden
sterblich sei, ist ganz gewiß.
Stirbt selig, wann und wo er ist.

„Hier liegt begraben unser Organist. Warum? Weil er gestorben ist. Er lobte Gott zu allen Stunden. Der Stein ist oben, und er liegt unten." Viele alte Grabinschriften aus den Alpen erwecken beim heutigen Betrachter eher Heiterkeit denn Nachdenklichkeit – dennoch handelt es sich bei den in Kramsach ausgestellten um originale Kreuze und originale Sprüche.

Jedem muß der Spruch gefallen:
Heute mir und morgen dir!"

Zwischen Rinn und Judenstein, in der Nähe von Hall in Tirol, sah Gandner an einer einsamen Stelle im Buchenwald einen unbehauenen Felsblock mit Kreuz und Inschrifttafel. Es soll dort der Taufpate des seligen Anderl von Rinn mit Namen Hans Maier begraben liegen. Dieser, berichtet die Legende, habe im Jahre 1462 sein Patenkind gegen einen Hut voller Silberlinge durchziehenden Kaufleuten ausgeliefert. Das Knäblein wurde angeblich grausam ermordet. Der ungetreue Pate verfiel dem Wahnsinn und verfaulte lebendigen Leibes. Auf der Tafel steht:

„Hier liegt der Göt vom Anderl von Rinn
tief drunt in ungeweihter Erde drinn.
Er strebte nur nach Silber und Gold,
drum hat ihn auch der Teufel g'holt!"

Mag einen die ungeschminkte Ausdrucksweise, besonders der letzten Zeile, im ersten Augenblick auch befremden, hier wird das, was der Bauer denkt, unverblümt beim Namen genannt. Zu seinem Gerechtigkeitsempfinden gehörte eben, daß allem Bösen die gerechte Strafe widerfuhr.

Gedenktafeln

Im folgenden sei auch auf die Gedenkzeichen hingewiesen, die wie Marterln anmuten und eigentlich auch denselben Sinn haben. Gemeint sind in erster Linie jene Tafeln, die die Angehörigen den fürs Vaterland gefallenen Kriegern auf die Familiengräber setzten. Auch das künstlerisch höchstwertige Kriegerdenkmal vermittelt nicht die Innigkeit, die aus den Erinnerungstafeln auf den Familiengräbern aufsteigt. Eine Mutter, deren einziger Sohn in Galizien geblieben war, sagte einmal: „Ich weiß nicht, was das ist, sobald ich am Grab da ein Vaterunser bet', da kommt ein wunderbarer Trost über mich." Von den vielen „Krieger-Marterln" Tirols – die heute großteils schon verschwunden sind – seien einige Verse angeführt:

> „Der Kaiser rief. Er eilt mit raschen Schritten
> und stritt für Gott und Kaiser, Vaterland,
> bis krank er in die Heimat kehrte,
> wo er Genesung bei den Lieben fand.
> Er zog zum zweitenmal ins Feld, zu streiten
> geg'n welsche Tücke, welsche Falschheit aus.
> Der Tod erlöste ihn von schweren Leiden,
> fern ruht er nun vom lieben Vaterhaus."

> „Fern ruhe sanft, du tapfrer Krieger,
> nie kehrst du in die Heimat wieder!
> Den Lohn empfängst du aus des Höchsten Hand,
> weil du dein Leben gabst fürs Vaterland.
> Es schenkt dir unser lieber Gottessohn
> für deine treu erfüllte Kriegerpflicht
> wohl eine ewigschöne Ehrenkron'!
> Leb' wohl! In unsern Herzen stirbst du nicht!"

> „Im wilden Kampfe mit den Serben,
> da meinte ich wohl oft zu sterben,
> doch war mein Beten: Ich vertrau
> dem Schutze unsrer Lieben Frau!
> Sie schirmte mich in diesen Jahren
> in wilden Schlachten und Gefahren.
> Doch als auch mich ereilt die Todeswunde,
> rief innig ich zu ihr aus Herzensgrunde!
> Da nahm sie mich mit güt'ger Mutterhand
> und führte mich ins ew'ge Vaterland!"

> „Ach, wie schießt ihr schlecht!,
> konntest du mit Hofer sagen;
> erst ein tückisch' Gas
> sollte dir den Tod zutragen.
> Schlaf in Gottes Frieden

in dem fernen Heldengrab;
dankbar senden alle
dir den letzten Gruß hinab.
Auch dein Vater kämpfte
für Tirol dereinst wie du,
nun umfängt euch beide
lohnend ew'ge Himmelsruh!"

„Als Bauer hab' ich oft das Feld
mit Pflug und Spaten wohl bestellt.
Da kam der Krieg. Rauh klopft er an:
'Es ist Feierabend nun als Ackersmann!'
Im fernen Land, die Schlacht war heiß,
da färbte sich das Edelweiß
auf manchem Rock so blutigrot –
auch mich traf bald der Heldentod.
Todwund legt' ich mein Haupt
und meine Händ' zur Ruh,
doch fremd und kalt die Erde ist,
die deckt mich zu. –"

„Hätt' gern die Heimat noch einmal geschaut,
den Pflug gelenkt, das liebe Korn anbaut!
Doch hat der Krieg wohl einen schärfern Pflug,
der pflügt die Furche grausam tief genug –
Doch seid getrost: Gott selbst sät' mich hinab
als Samenkorn ins ferne Kriegergrab.
Drum Weib und Kinder laßt mich nun
als Aussaat Gottes gerne ruh'n!
Daß euch die Saat auch wohl gerät,
wenn einst der Ackersmann der Welt
auf eurem Acker Ernte hält!"

Aus den Versen spricht die Seele, die tiefe Seele eines Volkes,
das in aller Welt geliebt und geschätzt ist – eben weil es Seele,
weil es Gemüt hat. Die Seele ist der unerkannte Reichtum des
Volkes und des einzelnen – aber auch zur größten Qual wird sie

einem in der Fremde, denn aus ihr wächst das bekannte „Heim-
weh des Tirolers".

Andere Tafeln

Die Bezeichnung „Marterln" wurde bzw. wird in Tirol mitun-
ter auch für Naturschutzwarntafeln gebraucht. Richtig ist diese
Profanierung nicht, aber man wird sich darüber nicht beunru-
higen. Diese Tafeln erhielten bzw. erhalten meist die Form der
alten Bauernmarterln, und weil die darauf angebrachten Reime
zum Schutz der Natur auffordern und darin eine Verwandtschaft
mit dem religiösen Marterl bezeugen, ist die Bezeichnung, wenn
man nicht ein engherziger Kritikaster sein will, in Ordnung. Gerade heute ist es wichtig, durch solche Verse die Wanderer anzu-
halten, sorgsam mit der Natur umzugehen. Verordnungen, nach
denen die Behörden scharfe Strafen androhen, sind oft nur ein
Pfiff in den Wind. Lesen die Vorübergehenden aber die humor-
vollen Verslein, sagt sich wohl ein jeder: „Wie richtig im Grund
genommen!"

Die Reime werden oft abgeschrieben, weil „man's daheim
unbedingt vorlesen muß"; es wird darüber disputiert, und so
dienen auch sie der Naturschutzbewegung. Im folgenden einige
dieser Aufforderungen und Ermahnungen:

„Behüte den Wald vor Feuer und Licht,
daß seinen Bäumen kein Schaden geschicht.
Schneid' nicht deinen Namen in Rinde und Stamm,
weil wir zu dem Zweck Adreßbücher hamm'.
Heilig waren die Wälder den Heiden –
sollen sie unter den Christen leiden?"

„Der Wald – ein Segen,
wo Gott ihn schuf.
Ihn schützen und hegen
sei Menschheitsberuf."

„Der Wald ist unsres Gottes Gut,
uns anvertraut zu treuer Hut.
Zerstört drum nicht frevler Hand,
was treibt und blüht im deutschen Land."

„Jed' Bäumlein lebt
wie du, mein Kind.
Die Zweige, die's hebt,
seine Hände sind,
die beten zum Licht.
Zerbrich' ihm seine Finger nicht."

„Willst du ein Blümlein brechen,
erst sieh dirs an,
erst laß es sprechen –
du rührst nicht dran!"

„O Wanderer, der du vorübergehst,
bleib' steh'n und verschnauf'!
Und schaug dir dieses Taferl an,
paß recht höllisch auf.
Von Alpenveilchen, Edelweiß,
Brunell, Steinrösl,
Alpenros', Schwarznießwurz
und Bergmandl,
Gamsbleami,
weißen Seeros',
dem Enzian und Türkenbund,
vom Frauenschuh und Zirbelkiefer
darfst gar nichts pflücken,
sonst gehörst zum –
Ungeziefer."

„Die Blumen sind am schönsten dort,
wie s' unter Gottes Himmel steh'n,
außerdem gesetzlich g'schützt.
Das würdest an der Straf' erseh'n!"

„Hier in der Teufelsmühl"[*)]
treib' ich mein Hölleng'spiel.
Mei Tuiflsfeuer is no nit erloschen
für böse Weiber, lose Goschen!"

[*) im Innsbrucker Mittelgebirge gegen Judenstein]

„Hier liegt der Hansel Tunichtgut.
O Wanderer, zieh' ab den Hut!
Der Teufelsfürscht hat ihn geholt,
weil er die Gatter nicht zumachen wollt.
Weil er Flaschen zertrümmert und Stein ablassen,
leere Konservenbüchsen und Papier hat liegen lassen,
weil er Küh' und Jungvieh belästigt und die Senn'rin dazu, hat ihn der and're geholt. –
Herr, gib ihm die ewige Ruh'!"

„Lieber Leser, merk' dir das:
Geh' auf dem Weg und nicht im Gras,
damit man leicht und ohne Müh'
dich unterscheiden kann vom – Vieh!"

Das „Marterl", meist Werk eines einheimischen, dörflichen
„Tuifelemalers", das heißt eines Täfelchen-Malers, gewöhnlich
eine hölzerne Tafel mit kleinem, schrägem Wetterdach, an Bäumen oder an eigener Holzsäule befestigt und möglichst nahe am
Ort des gedenkenswerten Unfalles errichtet, zeigt fast immer
eine bildliche – und meist recht primitive – Schilderung des Unglücks, die gern die tatsächliche Begebenheit dahingehend er-
gänzt, daß der Schutzpatron oder die zur Rettung angeflehte
Mutter Maria in Wolkenhöhen erscheinen, um den „tugendsamen
Jüngling, der allhier verunglückt worden ist", zu sich ins himm-
lische Reich zu holen.
Den Marterln verwandt sind die Votivtafeln, bildliche Dar-
stellungen von Gelöbnissen, bei denen sich die von einem Unglück Betroffenen zu Gott, Maria oder zu Heiligen „verlobten"
und Erhörung fanden. Den älteren Menschen waren im gesam-
ten Alpenraum alle diese Dinge vertraut. Vor allem die Marterln,

die trotz ihrer gelegentlichen, unfreiwilligen Komik eine zu Herzen gehende Verbindung zwischen Himmel und berglerischem Menschenschicksal schufen und im Bergwald als zartes, fast freundliches Memento mori am Wegrand standen. Wenn auch der fromme Brauch da und dort in moderner Weise noch immer lebendig ist, so verschwinden, von keinem Denkmalschutz betreut, die alten „Marterln" leider immer mehr aus dem Blickfeld des Wanderers.

Vor allem Ludwig von Hörmann hat vor gut 100 Jahren alte Marterlsprüche gesammelt, von denen viele in dieses Buch aufgenommen wurden. Bewußt wurden nicht nur jene originellen und kuriosen Inschriften und Nachrufe herausgegriffen, in denen der unbekannte Dichter oder der „Volksmund" dem unerbittlichen Letzten die heitere Seite abzugewinnen sucht. Denn auch bei anderen – ernsten – Sprüchen tritt oft eine tiefe Innigkeit zutage, die mehr zu Herzen geht als die unbewußte Komik. Im vorliegenden Buch finden sich aber nicht nur kuriose Marterlsprüche, sondern auch Grabinschriften, Sprüche von Wegkreuzen, Leichenbrettern und Bildstöcken sowie Verse aus Totenkapellen, von Armeseelenbildern und Votivtafeln. Daß die Sprüche nicht nach diesen Kriterien geordnet sind, liegt daran, daß sie innerhalb der verschiedenen Länder alphabetisch nach Orten gereiht wurden.

Gleich den Weihetafeln des Altertums, wie sie zu Hunderten in Griechenland und Italien gefunden wurden, haben die Votivtafeln teils allgemeine Lebenswahrheiten zum Inhalt, teils sind sie Erinnerungszeichen an wunderbare Rettung aus Lebensgefahr oder an sonstige Hilfe im Unglück. Marterln hingegen sind Zeugnisse trauriger Begebenheiten. Viele haben eine gewisse Berühmtheit erlangt, sind in verschiedenen Lesearten als Beiträge zum Kapitel unfreiwilliger Komik sogar in Kulturgeschichten eingegangen, kurz – sie erfreuen sich besonderer Beliebtheit. Da viele der angeführten Sprüche auf Tafeln längst nicht mehr existieren, kann für Ortsangaben und Schreibweise nicht garantiert werden. In den meisten Fällen wurde der Reim oder Vers unverändert übernommen, also mit Rechtschreib- und Grammatikfehlern.

Tirol

Wie bitter war der Schmerz,
da Gott zum Leiden gieng,
den dort Maria Herz
als Mutter tief empfieng.
Ihr fiel der Abschied schwer,
den Sohn noch zu umfassen
und ihn der Menschen Wuth
und Grimm zu überlassen.

Bildstöckl bei Absam

Ausgelitten, ausgerungen,
viel gereist und viel gesungen.

auf dem Grab des berühmten Nationalsängers Ludwig
Rainer († 1893) in Achenkirch

Hier wurde verunglückt den 16. Oktober 1881 Georg Schuwart
im 34. Jahre seines Alters, geboren zu Vomp. Gott gnade seiner
Seele.   Achenkirch am Wege zum See

Wanderer ich bitte dich,
steh still und bet für mich,
in den [!] Wasser fand ich meinen Tod.
Wo du ihn nimmst, weiß nur Gott.

Achenkirch am Weg zum Hotel Scholastika

Hier ruht Michael Wiesner und zwar nur bis zum Tag der Auferstehung.   Aldrans; heute Museumsfriedhof Kramsach

Mensch, gedenk an Jesu Leiden,
wenn du willst den Berg besteigen.

am Eingang ins Alpbachtal

Steht still, ihr Freunde und Bekannten,
an meinem kühlen Grab!
Der Tod hat mich so schnell genommen,

wo ich es nicht vermuthet hab!
Steh still, du Wandrer, merke auf,
wie du bist, so war ich auch,
wie ich jetzt bin, so wirst du auch werden:
Der Würmer Speis und Staub der Erden.

Ampaß

Erinnerung an Frau Gerdraut Kofler,
geborene Angerer, aus Lans.
In einer späten Abendstunde
klopft es gräslich an der Thür.
Erschüttert aus dem Herzensgrunde
stand der Tod vor mir:
„Auf! Mein Geschäft das vorderteil"*),
und aus dem Bogen kommt der Pfeil.
Was Gott thut, ist wohlgethan,
und greift er uns auch schmerzlich an.

Amras – *) "Auf! Mein Geschäft, das fordert Eil."

Ein Trauerg'schicht zeigt sich allhier,
was sich hat zugetragen
finf Stund von hier in Böttenau*).
Das ist doch zu beklagen.
Ein Schiffbruch litten zechen Leit,
davon sind zwei ertrunken,
die anderen, die auch dabey,
sind dief hinabgesunken.
Durch dieses Beispiel sechen wir,
wie bald es ist vorbey,
darum ist's gut all' Augenblick,
das man gerichtet sey.

bei Amras – *) Pettnau

Schon zwei Tage kam kein Bissen
Speise, ach, in meinen Mund,
Steine waren mein Ruhekissen
und mein Bett der Felsengrund.

Tummelplatz bei Amras – (Votivtafel eines Kriegers
von 1809 am Bergisel)

Gottes Vorsehung sei gepriesen,
das hat sich an mir erwiesen.
Ich, Johann Prantl, von zwanzig Jahren,
konnte mein Leben nicht bewahren
und mußte mein junges Leben
vor Mittewald zum Opfer geben.
Doch hab' ich noch Gnad' gefunden
und den Tod nicht gleich empfunden,
daß ich noch hatte Zeit,
mich vorzubereiten für die Ewigkeit.
Meinen Vater, Geschwisterte und Verwandten
und Alle, die mich kannten,
bitte ich um ein Gebet,
weil dies einzig vor Gott besteht.

Tummelplatz bei Amras

Mit Mann und Roß und Wagen,
so hat sie Gott geschlagen;
der Kaiser auf der Flucht,
Soldaten ohne Zucht,
der Kaiser ohne Heer,
die Jäger ohne G'wehr,
der Ritter ohne Schwert,
der Reiter ohne Pferd,
der Fähnrich ohne Fahn',
die Flinte ohne Hahn,
die Büchse ohne Schuß,
das Fußvolk ohne Fuß
mit Hunger ohne Brot,
an allen Orten Not,
mit Wagen ohne Rad,
das Herz im Leibe matt,
die Kranken ohne Wagen,
so hat sie Gott geschlagen.

Skizze für ein Grab in Untertauern

Tummelplatz bei Amras – Das Bild stellt den
alten Napoleon dar, wie er mit dem Zirkel die
ihm vom Tod vorgehaltene Weltkugel abmißt.

25

Hier in diesen öden Heinen,
wo nur rauhe Fichten stehen,
zeiget sich der Herr den Seinen
voll Erbarmen helfend schön,
Gottes Mutter läßt hier fließen
Balsam in das bange Herz
allen, die vor ihren Füßen
klagen ihren bittern Schmerz.
Sind hier nicht die theuern Brüder,
deren Fürbitte oft bewährt,
o wie oft in bangen Stunden
hat nicht hier das bange Herz
wo nicht Hilf, doch Trost gefunden,
es wird leichter jeder Schmerz.
A. Z. G. E. G. – 1819.

Tummelplatz bei Amras

Wenn Gräber lebendes Gebein
und Meere Leichen von sich spei'n,
wenn Berg und Felsen berstend krachen,
und Völker aus dem Schutt erwachen,
wenn dann auch uns aus unsrer Gruft
die weckende Posaune ruft,
dann laß, o Gott, uns Gnade finden,
und vergib uns unsre Sünden,
daß wir mit den seligen Chören
die Stimme deiner Gnade hören. – R. I. P.

Soldatengrab am Tummelplatz bei Amras

Hier ist die stille Ruhe- und Friedensstätte,
die mancher junge wack're Krieger fand,
der muthig einst gefolgt der Schlachttrompete
für seinen Kaiser und fürs Vaterland.
Sie ruh'n, bis eine andere Trompete
sie einst mit uns zur Auferstehung weckt,
drum denkt mit Liebe ihrer im Gebete,
mit Liebe, die auf alle sich erstreckt.

Soldatengrab am Tummelplatz bei Amras

St. Heinrich von Botzen.
Ein sonderbarer Patron
der Armuth und Trübsale.
Ex votto 1867.
Ex-Voto-Tafel (1867) – Tummelplatz bei Amras

Aufi gstiegen,
Kerschen brockt,
abi gfallen,
hin gwesen.
bei Amras unweit des Tummelplatzes

Allhier an diesem Ort,
da kann ich nicht mehr fort,
doch in die Ewigkeit,
da ist es noch gar weit.
Die ihr vorbeigeht,
seid meiner eingedenk
und meiner armen Seel
ein Vaterunser schenkt.
zwischen Arzl bei Imst und Brennbichl

In diesem kleinen Gräbelein,
da liegt mein liebes Hänselein.
Selbst gemacht*)
Axams – *) das Grabkreuz oder der Vers

Allzufrüh den Seinigen, mähte der Herr
den Lebensstengel dieses Mannes ab.
Axams; heute Museumsfriedhof Kramsach

Das Sterben ist schon eine alte Sache,
noch keinen hat der Tod verschont,
dem Laster folget Gottes Rache,
die Tugend nur wird dort belohnt.
Drum macht's dem Sünder tausend Sorgen,
der täglich sich vorm Tode scheut,
dem Frommen macht er frohe Morgen,
der täglich auf den Tod sich freut.
Axams

An von meinen Jugendjahren
bis zu meinem Sterbetag
bin ich auf dem Inn gefahren,
bis jetzt wird der Inn mein Grab.
Liebes Weib, vergiß mein nicht
und bete oft zu Gott für mich,
erfülle deine Mutterpflicht,
denn ich bete auch für dich.
Kinder, lebet fromm auf Erden,
so rufe ich noch zu euch,
daß ihr könnet selig werden,
dann euch seh im Himmelreich.
Alles bitte ich, groß und klein,
welche gehen hier vorbei,
gedenket im Gebet mein,
daß Gott der Seele gnädig sei.

1851 – bei Baumkirchen am Inn

Alhier ruhet in Gottes Hand
Maria Magdalena Mainachtin
hab ich mich genannt,
ich kahm nicht in die Welt zu sähen,
ob es hier wie in Himmel thut zugehen,
ich ruhe hier in Gottes Reich
und will bitten fihr meine Eltern
und fihr euch,
fihr meine Gottel*), die euch bekannt,
und fihr's ganze Vaterlant.
geb. am 21. 4. 1804,
gest. am 22. 4. 1804.

am Lueg, alte Kirche vor dem Brenner – *) Taufpatin

Der bösen Welt, der bösen Zeit
bin ich – Gottlob – davongeeilt,
ich sterb in Jesu, es ist vollbracht,
und wünsch der Welt eine gute Nacht.

Kindergrab in Brixen

Zum Kristlichen Andenken an den hier an einer Riesn*⁾ verun-
geglückten Kaiserlichen und Königlichen Holzknecht N. N.

bei Brixlegg – *⁾ Holzbahn

Diesen Ort hat sich Maria selbst erwählt,
wie aus alten Urkunden erhällt,
Maria-Hilf-Bergl wird es genannt,
vorher war es ieden wol bekannt.
Niemand ging ohne Hilf davon,
der sie in wahrem Vertrauen rufte an.

Mariahilfbergl in Brixlegg

O Vatter, wir vergessen nie
dein Leben, deine Müh.

Buchboden

Hier ist ein Handelsmann,
Hans Zukristian,
verschwunden.
Man hat ihn trotz Müh und Fleiß,
trotz Arbeit und Schweiß
nicht mehr g'funden.

(Sammlung Guggenberger)   bei der „Hohen Brücke" im Defereggental

Hier ruht der ehrsame Junggesell Alois Festini von Cahamahango,
welcher in der Fremde unter einer kleinen Schneelawine seine
wahre Heimath gefunden hat am 18. Dez. 1871.

Dornauberg im Zillertal

Ich war froh und jung an Jahren,
ahnte meinen Tod noch nicht,
wußte nicht, daß Essen tragen
mir des Lebens Licht auslischt.
Drum, o Jugend, sei bereitet,
denn es giebt hier viel Gefahr,
Ja, oft unvermuthet leitet
uns der Tod hinab ins Grab.

Dornauberg

Skizze für ein Grab in Authering

Was Gott thut das ist wohl gethan,
greift es uns auch schmerzlich an;
dulden ist der Menschen Pflicht,
drum, o Kind, nimm zur Ruh
unsern Segen noch dazu,
ewig trennt der Tod uns nicht.

Eben am Achensee

Wenn die 14 Nothhelfer für mich stehen,
so wird es mir gewiß nicht übel gehen.

Kapelle zu den 14 Nothelfern – Eben

Hab ausgholt – bin ausgrutscht,
hat mich das Fuder zertutscht.

an der Eibergstraße

Hie secht mein Unglickh-fahl;
zu einem Angedenken
wolth mir ihr Christen all
ein Vater Unßer schenken. 1788

Ellbögen

Im Friedhof zu Erl fand sich ein eigenartiges Grabdenkmal: An einem alten
Eisenkreuz lehte ein aufgeschlagenes Buch, auf dessen Blättern Inschriften
standen, und zwar:
Links: Hier ruhen | die Unschuldigen | Kinder | Elisabeth | An-
ton und | Ursula Kurz | von hier. Rechts: Hier lig ich | als ein ar-
mes Kind | die von der Welt ver- | achtet sind, doch vor | Gott
im Himmelreich | bin ich den reichsten | Kindern gleich.

Hier verunglückte im Auerbach eine gewisse Weibsperson. O
Herr, gib ihr die ewige Ruhe.

Erl, vor der Innbrücke bei Erl und Oberaudorf

Hier hat Gott den Alois Steiner
vom Zeitlichen ins Ewige übersetzt.
(Von einem Baum erschlagen.)

im Felbertauerntal

Hier bei diesem Besen
lag ein zartes Wesen
im tiefen Schnee;
drum dies Marterle.

Finkenberg. Marterl für ein beim Rodeln verun-
glücktes Kind; heute Museumsfriedhof Kramsach

O Wandrer, steh still allhier an diesem Ort,
bet mir ein Vater unser, dann setz die Reise fort;
was du jetzt bist, war ich in bester Gsundheit Kraft,
doch kam der Tod wie Dieb bei dunkler Mitternacht.
O denk ein wenig nach,
was einst der Heiland sprach:
Wachet, betet, seid stets bereit,
sammelt für die Ewigkeit.

zwischen Flaurling und Pfaffenhofen

Mein Mutter und Kinder muß ich verlassen,
weil ich sie nicht mehr sehen kann;
ich werde reisen die Himmelsstraßen,
dort bekomm' ich meinen Lohn.
Ja, es muß ein jeder sterben
wie die Blume auf dem Feld,
er mag sein arm oder reich,
dort bei Gott sind alle gleich.

Fügen

Es fiel mir ein: Was hilft die Kunst,
die Stärk', die Ehr, die Herrengunst?
Was bleibet mir, das fiel mir ein,
wann ich zum Tod bereit sollt' sein.
Die Zeit ist aus, das Grab bestellt,
was hilft mir nun die ganze Welt.

Fügen

Da es mir wohl ergieng auf Erden,
wollten alle meine Freunde werden;
da ich kam in Noth,
waren alle Freunde todt.

Trau' nicht der Welt,
trau' nicht dem Geld,
trau' nicht dem Tod,
trau allein auf den Gott.

Bildstöckl bei Fulpmes

Gott hat's mit Jaggl gut gemeint:
In Rußland wär' er unbeweint
im Eis und Schnee verdorben[*].
So ist er derheimt[***] verstorben,
versehen mit den hl. Sterbsakrament –
Gott geb uns allen ein gleiches End'.

Gallzein bei Schwaz – [*] anno 1812 – [***] daheim

Heiter stralte mir die Jugend
in der Freude gold'nem Flor,
fröhlich blies ich in mein Horn,
sicher lenkt ich stets mein Rohr,
daß beim schönen Männerspiele
pfiff die Kugel nach dem Ziele.
Sieh', da schoß der Schützen bester
nach dem Herzen mir, der Tod;
meiner Jugend Rosen welkten,
blaß war meiner Wangen Rot.
Erdensohn, in Ernst und Spiele
schaue nach dem höchsten Ziele,
daß dir lohne Best und Kranz
in des Himmels ew'gen Glanz.

Schützengrab in Götzens

Siehst du hier wol
einen Unterschied,
ob arm ob reich?
Der Tod macht's gleich,
heut rot,
morgen todt.

Grähn/Tannheimertal

Glück und Unglück
beides trag in Ruh
Alles geht verüber
und auch du.

Es ruhet
die
ehr-und tugentsame
Jungfrau
Genovefa
Voggenhuberin
betrauert von ihrem
einzigen Sohn.

Bei Kitzbühel

*Die im Kramsacher Museumsfriedhof ausgestellten alten Grab-
kreuze und Grabinschriften stammen zum Großteil aus den
zentralen Alpenländern Nordtirol, Südtirol und Bayern – vielleicht ein Grund dafür, daß sich mancher kernige Spruch darunter findet*

Oh Abraham –'s ist alles umsunst
Weil dir der Engel aufs Zündpfannl br.....

Durch eine gute Reu und Leid
gelangt zur ewigen Seligkeit
derselbig, der hier wurd erschossen;
den Teufel hat's verdrossen.

Gramais/Lechtal

Im Kampfe wild, doch menschlich,
im Frieden still und den Gesetzen treu
war er als Krieger, Unterthan und Mensch,
der Liebe wie der Ehre wert.

Grabmal des Freiheitskämpfers Josef Speckbacher in Hall

O Tod, du hast wol gut gezielt
und gut getroffen,
um desto sicherer kennen wir als
Christen hoffen,
daß auch sein letzter Schuß in's
Zentrum gieng
und er aus Gottes Hand das Best
als Lohn empfieng.

Schützengrab in Hall

… ausgrutscht – und z'sammtutscht.

Schlußreim eines Marterls im Gnadenwald bei Hall, wo ein
Knecht das Heufuder mit der Gabel stützte, bei dieser Tä-
tigkeit aber ausrutschte, sodaß die ganze Heulast über ihn
stürzte.

Gehe nit vorüber. Bett für mich,
thue meiner doch gedenkhen,
mit Weichwasser spreng auch mich und dich,
den Ablaß thue mir schenken. 1698.

Hall

Hier liegt begraben mein Weib, Gott sei Dank;
sie hat ewig mit mir zankt.
Drum, lieber Löser, geh' von hier,
sonst steht sie auf und zankt mit dir.

verfaßt von einem Pfannhausarbeiter in Hall

Da 45 Sommer viel ich gebaut,
ward hier ein Gotteshaus zu bau'n mir vertraut;
ein Balken brach, ich stürzte vom Gerüst herab
mit neun, und unser zwei, wir stürzten todt in's Grab.

auf einen Baumeister – Hall

O Jugend, steh' bei Anna's Grabe still
und horch, was ich dir sagen will:
Ich warne dich, bau' nicht auf deine Kraft,
ich war wie du in schönster Blüh' und Saft,
ein Baum zerstört mein junges Leben
und hat durch seinen Fall
mir den Tod gegeben.
Drum habe Gott vor Augen,
flieh' die Sünde,
damit der Tod dich gut zubereitet finde.

Hall

Spinne, Schücksal, spinne,
spinne kurz und dinne
meinen Lebensfaden ein;
webe dicht die Leiden,
webe seigt[*)] die Freuden,
webe mir nur Seelenruh darein.

Bildstöckl am Eingang des Zimmertales bei Hall – [*)] seicht

All Schrit und Trid
zu deiner Ehr geschicht
von mir, mein Gott und Herr.
Den armen Sellen in der Pein
wolest gnedig und barmherzig sein.

Armenseelen-Bild in der Kapelle am Eingang ins Halltal

O Wanderer, steh still, thu uns ein Vaterunser schenken,
so werden wir auch deiner stets gedenken;
auch helft uns von solchem großen Leiden.
Hilf uns durch gute Werk im Himmel zu den Freuden.

Armenseelenbild zwischen Hall und Egerdach

Wanderer, steh still
vor meinem Haus der Erden,
gedenke meiner; was ich bin,
das wirst du auch bald werden.
Mach dich von Kindheit auf bereit
und denke an den Tod,
daß du dort in der Ewigkeit
kannst ruhen stets bei Gott.

zwischen Hall und Volders

Gedenktafel für Georg Bichler, Bauerssohn von Untergreidern, welcher am 8. Februar 1879, 7 Uhr früh, in diesem See, im Alter von 18 Jahren ertrunken ist.

Jung und frisch zog er vom Vaterhaus
mit der Rodel in den See hinaus.
Leider bot für ihn der Sport
ein jähes Ende, seht den Ort.

Hintersteiner See

Dies sind die zwei verunglückten Brieder Andere und Georg Pfister zu Föchler in Maathseiten, welche der Tod durch ein Wild in eine Schnee-Lahne hineingelocket hat und so von der Welt hinweg gerafft. 1851.

Hintertux

Hier liegt der Hippacher Bot.
Hab ihn selig der liebe Gott,
so wie selig hätt' der Hippacher Bot
dich, du lieber Gott,
wenn du wärst der Hippacher Bot,
und er der liebe Gott.

Hippach

„Andenken der durch die Schneelawinen verunglückten sind worden drei Kinder ..."

bei Hopfgarten

Wohin, mein lieber Wandersmann?
Steh still und schau mich ein wenig an,

betracht' einmal mein' blutigen Schweiß,
dann geh' hin und mach' die Reiß.

Christusbild unweit Hopfgarten in Defereggen

O ihr alle, die ihr auf dem Wege
vorübergeht, sehet, ob irgendein
Schmerz dem meinigen gleicht.

Ecce-homo-Bild in einer Kapelle bei Huben (Ötztal)

Er gab jedem Recht mit Liebe,
drum ward ihm Liebe mit Recht.

Grab des Landrichters Auer in Hötting/Innsbruck

O Wanderer, steh still
allda an diesem Ort
und bet ein Vaterunser,
dann setz' dein' Reise fort.
Wann du schon jung und schön
und bist auch stark von Jahren,
der Tod hat List und Tück,
das hab auch ich erfahren.
Beim Holzfällen verunglückt.

zwischen Imst und Silz

Im Kreuze leben: guter Theil.
Im Kreuze sterben: ewiges Heil.
Beim Kreuze schlafen: ohne Sorgen.
Beim Kreuz erwachen: goldner Morgen.

Friedhof in Igls/Innsbruck

Fromm und einfach war sein Leben,
christlich bieder war sein Sinn.
Drum mög' ihm Gott im Jenseits geben,
Was er dudelnd[*] hier verdient.

Grab des Alois Braunegger in Lans bei Innsbruck – [*] so statt „duldend"!

Christ! Steh still und bet a bissl:
Hier liegt der Bräuer Jacob Nissl,

zu schwer fast mußt er büßen hier:
Er starb an selbstgebrautem Bier.

Innsbruck; heute Museumsfriedhof Kramsach

Bei Bludenz mordeten sie ihren Mann,
und dieser Schlag erschlug auch sie.
Was eine Sterbliche nur leiden kann,
litt die Verklärte – und verzieh.

(Grabstein der Witwe des Oberamtsrates v. Franzin, den
im Kriegsjahre 1796 bei Bludenz Bauern ermordeten.) –
Innsbruck

Hier liegt Elias Gfahr,
gestorben im sechzigsten Jahr.
Kaum hat er das Licht der Welt erblickt,
hat ihn ein Wagenrad erdrückt.

Innsbruck/Bergisel; heute Museumsfriedhof Kramsach

Lebet wohl, ihr Anverwandte,
Eltern, Geschwister und Bekannte,
mein Leben ist dahin;
ich war gesund und munter,
das Unglück schlug mich unter,
und mein Grabstatt ist der Inn.
O Wanderer, stehe stille,
schenk mir aus Herzensfülle
mir Armen dein Gebet;
ich werde Gott darum bitten,
daß es dir auf allen Schritten
stets gut und glücklich geht.

vor Kranebitten/Innsbruck; vgl. Seite 14

Was Job über die Menschen geschrieben,
ist in der That nicht übertrieben.
Der Mensch, vom Weibe kömmt,
ist arg mit Elend überschwemmt,
er weilet hier nur kurze Zeit
und wandert dann in die Ewigkeit.

Inzing

Groß zeigt sich Gott in der Natur.
Noch größer in dieser Figur.

an einem Feldkreuz bei Jenbach

Szepter, Kron und Bauernkappen
thut man hier zusammenpappen.

Jerzens im Pitztal; heute Museumsfriedhof Kramsach

Hier lieg ich Blum darnieder,
in schönster Blüth schon welch*),
hab aber nichts darwider,
weils Gott ist sein Befelch.

Jerzens – *) welk

Bei dem Bilde hier, Christ, schaue,
wem (!) der Tod hat fortgerafft;
nicht auf deine Jugend baue,
nicht auf deine Körperkraft.
Beide noch in jungen Jahren,
stark, gesund, voll Munterkeit,
mußten schon den Tod erfahren
in der schönsten Jugendzeit.

(zwei Jünglinge durch eine Schneelawine verschüttet 1853.)
– vor Judenstein

Hier liegt ein Wildschütz. Unverdrossen
hat er über 1300 Gemsen geschossen,
wie auch viel Füchs und Hasen;
und verthut damit sein eigen Wasen*).

Grabstein des berüchtigten Wilderers Wiesenjaggl in Kalten-
brunn im Kaunertal – *) Anwesen

Er starb zum größten Leidwesen
seiner Gemeinde eines seligen Todes.

Grabstein des Pfarrers von Kematen, 19. Jahrhundert

Da liegst du, Schusterle, da kannst du ruhig schlafen,
ein schöns Quartier, ja wohl, hat dir die Welt geschaffen,

Ein Haus, wo ist kein Fenster drin, sechs Bretter dein Gemach.
Darneben deine Todtenbein, die Erde ist dein Dach.

auf dem Grabe des sogenannten Uminger Schusters und
Bauerndichters von Kematen; von ihm selbst verfaßt

Es liegen zwei Engel in diesem Grab,
ganz ohne Mängel rief sie der Herr ab.
Wir danken Euch vil
und betten bei Gott,
daß ihr erreicht
auch das Ziel.

Kirchberg

Mein Leiblein liegt im Grab,
die Seele ist bei Gott,
die Freuden, die ich hab,
sind unaussprechlich groß.

Kirchberg

Ich liege jetzt im Rosengarten
und muß auf meine Eltern warten;
ich liege hier als ein ledig Kind[*],
weil ich auf der Welt verachtet bin;
aber dort im Himmelreich,
dort sind wir alle gleich. 1870

Kirchberg – [*] uneheliches Kind

Kaum hat mein Leben angefangen,
fallen schon die Blätter ab,
kaum bin ich in d' Welt eingegangen,
trägt man mich schon zu Grab.

Kirchberg; (Abb. links: Mattsee)

Hieranimus Heigl
hat sich anhero verlobt wegen seinen oftmalligen
Gefahren, welche folgende sind:
1. von Herd herunter gestörzt,
2. von einer Lamm[*] herabgefallen,
3. bei einer Alphütten der Blitz bald erschlagen,

In diesem Grab
liegt
Anich Peter

die Frau begrub man hier
erst später
Man hat sie neben ihm
begraben
Wird er die ewige Ruh
nun haben?

Dieses Kreuz stammt
aus dem 19. Jahrhundert
und ist mit B.W 1822
signiert.

Das Grabkreuz stammt zwar aus Oberperfuß, dem Heimatort des Kartographen Peter Anich, zierte aber sicher nie dessen Grab. Anich, gestorben im Jahre 1766, war – ledig.

4. in einen Bach gefahlen,
5. ein wildes Feuer in Berg herausgefahren und unverletzt
   davon kommen,
6. im Holz ein Zapin**) um den Kopf geschlagen,
7. zum 2ten mal in einen Bach gefallen,
8. aus der Noth geholfen …
Ex voto 1855 … Anton M. pinxit

Kirchanger bei Kirchberg – *) Felswand – **) Hacke

Gottes Vorsicht wollte haben,
das ich nicht werde hier begraben,
[sondern] ich in Mailand sterben
und mit mein Blut die Erde färben.
Kaiserjäger Petter Dinaller 1849.

Kirchanger bei Kirchberg

Andenken an einen gutdenkenden Vater gegen seinen [!] 6 uner-
zogenen Kindern von seiner verstorbenen Ehegattin, welche im
Jahre 1842 gestorben ist. Gott und Maria zur schuldigsten Dank-
barkeit ist diese Tafel anhero geopfert worden. 1845.

Kirchanger bei Kirchberg

Im Jahre 1778 den 15. Oktober hat den ehrensichtigen Jüngling, Baulus Landtmann zu Schernstött, in der Sbert eine laufende Dachstange ungefähr so grausam yberfallen, daß sie ihm bei dem Sturz den ganzen Leib durchtrungen und stehend geblieben in 10 Wochen frisch und gesund.

Kirchanger bei Kirchberg

Bis hierher und nicht weiter
kamen die schwedischen Reiter. 1643.

(Erinnerung an die Zurückschlagung der Schweden, die 1643 von Kitzbühel her in das Brixental einfallen wollten.)
– Kapelle bei Kirchberg

Die Kinder knieen weinend um das Grab,
ach, mit der Mutter sank all unser Trost hinab,
der gute Vater weint mit und spricht:
Sie war uns alles, vergeßt sie nicht.
Gelobts am Kreuz hier, christlich fromm zu leben
und stets der Mutter Vorbild nachzustreben.
Mein Jesus Barmherzigkeit!
Süßes Herz Mariä, sei meine Rettung!

Grabstätte der Katharina Thaler in Kirchbichl

Junggeselle Aloys Maurer, gewester Kaiserjäger.
Wohl dem, der schon von Jugend auf
an seinen Schöpfer denket
und seinen ersten Lebenslauf
Gott und der Jugend schenket.
Das ist das schön reizend Bild,
der Aloys ist getroffen,
voll Demuth war er, rein und mild,
der Himmel steht ihm offen. 1853.

Marterl in Kirchbichl

Gabriel Hirsch von Zain, welcher 37 Jahre alt am 8. März 1847 mit einem Taxpflärn verunglückt und seinen Tod gefunden. Gnade der Seele!

Wo und wie man wird sterben,
Unbewußt ist jedem dieß,

Nur daß alles auf der Erden
sterblich sei, ist ganz gewiß.
Drum, wer lebt als wahrer Krist,
stirbt selig, wann und wo er ist.
Jedem muß der Spruch gefallen:
Heute mir und morgen dir.

Kirchbichl?; Untermieming?

Hier ruhet die ehr- und tugentsame Jungfrau Genovefa Voggenhuberin, betrauert von ihrem einzigen Sohn.

bei Kitzbühel; heute Museumsfriedhof Kramsach

Sie diente ihrem Gott,
sie schätzte ihren Mann
und liebte so nicht minder
auch ihre 13 Kinder.
Und alles was sie tat,
die kleinste Handlung hat
sie wohlbedacht getan.
Sie war fromm, klug und gut,
die hier im Grabe ruht.

Magdalena Stainer, Kitzbühel 1833.

Gedenke in stillem Gebete des am 11. Jänner 1884 beim Taxenziehen verunglückten Sebastian Tagwerker, Bauernsohnes zu Jodler.

Von Adams Erben
muß ein jeder sterben;
nur weiß er nicht wo
und ob so oder so.
Doch ist es nicht weit
in die Ewigkeit.
Um 6 Uhr gieng er fort,
um 8 Uhr war er dort.

am Weg zum Kitzbühler Horn

Ein fürchterliches Donnerwetter
zog auf die Eggenalpe hin.

*Es sind nicht nur die Sprüche, die Beachtung finden müssen,
auch die oft kunstvoll gearbeiteten Kreuze verdienen Beachtung.
Vier Beispiele aus dem Museumsfriedhof in Kramsach zeigen
die kreative Hand des Schmiedemeisters.*

Der Mensch ist nie sein Selbsterretter,
träumt ihn auch Gutes in den Sinn.
Vier Menschen schliefen in der Hütte
und ahndeten im Unglück nie,
doch plötzlich stand in ihrer Mitte,
im Blitz und Donner Gott vor sie.
Gott ließ es*⁾ Klobenstein hinüber,
sein Willen wars vom Anfang schon,
die Sennin war im Geist ihm lieber,
such jeder andre seinen Lohn.

Klobenstein bei Kössen – *⁾ Das Gewitter

Des Menschen Tod ist unbestimmt
wie alles hier auf Erden;
wann Gott, der Herr, die Seele nimmt,
kann nicht ermittelt werden.
Drum zittre, Mensch, und sei bereit,
denn nachher kommt die Ewigkeit.

Kufstein

Wie wahr, o wie wahr! Als ich in meinen 68. Lebensjahr den 17.
August 1863 für meine Geisen Gras zu Heu machen wollte, stürzte ich über diese hohe Felsenwand. Meine Sackuhr ging noch
eine Zeitlang, doch meine Lebensuhr blieb plötzlich stehen,
mein Fleisch und meine Gebeine verdorrten, sind bereits verfault, da du dieses liesest. Wanderer! Bethe für mich, Eugen
Haslwanter, von Ochsengarten.

zwischen Kühtai und Ötz

Hier ruhet in Gott …
Anton Lenz, Bezirks-Kaminkehrermeister.
Du stiegst in deinem Lebenslauf
gewandt und in Gefahr beherzt
so manchmal den Kamin hinauf
und kamst herab von Ruß geschwärzt.

Nun steig empor nach langem Weh,
von Schlacken rein und weiß wie Schnee!

Landeck

Christliches Andenken an den verunglickten Josef Barthol, von hier, hat durch ein bar Schrit in der Nacht die Brücke verfehlt, und hat sein Leben in den Ihnstrom aufgeopfert, den 8. März 1877 im 36. Lebensjahr.

O Mensch, wie trügt dich die Zeit,
doch willst du ihr trauen.
Sie trügt dich aber weit,
wenn du willst auf sie bauen.
Sie[h] diesen starken Mann!
Gesund ging er von Haus,
er dach[t] wohl nicht daran,
daß jetzt die Zeit ist aus.
Lebt also gut und fromm,
seid auf den Tod bereit,
wenn er euch ruft: Jetzt kommt
mit mir in Ewigkeit!
Vaterunser und Auvemaria – R. I. P.

Landeck an der Innbrücke

Vivat die Barmherzigkeit Gottes, die immer suchet, die Menschen an sich zu ziehen.

Lanersbach/Tux

Gleich wie Pluem auch einst muß fallen ab,
so wird eine jede Menschengestalt wie ich im Grab.

Lanersbach/Tux

Stolzes Mechten*), o beschaue
hier in diesem Spiegel dich,
nicht zu viel auf Schönheit baue,
du zerfällst einst sicherlich.

Lanersbach/Tux – *) Mädchen

Alle Menschen sind mir gleich,
sind sie arm oder reich,

Jung oder alt,
alle bekommen meine Gestalt.

(Der Tod, die Sense in der Hand, stützt nachdenkend die
Hand auf einen Stein, worauf eine Kerze verlöscht.) –
Lanersbach/Tux

Zur Arbeit voll des Muthes
hab ich den Berg bestiegen,
da rollt die Lähn[*] daher, und
schon lag ich in den Zigen.
O Gott, nimm auf die Seele,
du sollst sie ewig haben,
der Leib, der mag im Schnee
hier bleiben tief begraben.
Nikodemus Rimml die Lähn hat fortgerissen,
ueber Stein und Felsen hinabgeschmissen.
Da kamen viele Leute zu suchen
und haben uns gefunden.
Gott vergelt es euch in allen euren Stunden.
Nikodem Rimml / Leander Neurauter

bei Längenfeld – [*] Lawine

Weil du bist anhero kommen,
du mein allerliebster Freund,
erlös uns aus den heißen Flammen,
vielleicht wir deine Eltern seind.

bei Längenfeld

O Wandrer, siech dieß Zeichen an
und denk, was stellt es vor?
Schnell sterben, das kann jedermann –
drum bereit' er sich zuvor!

in der Ache ertrunken – bei Längenfeld

Immerwehrendes Andenken an die ehr- und tugendsame Jungfrau N. N., welche hier an gemeiner Arbeit ertrunken ist.

Lechtal

Menschen Hilfe ist klein,
drum trau auf Gott allein.

Bildstöckl bei Lermoos

Der Museumsfriedhof im Nordtiroler Unterinntal ist weltweit eine Besonderheit und das Ergebnis jahrzehntelanger Sammeltätigkeit. Im „Friedhof" ohne Tote stellt Schmiedemeister Hans Guggenberger heute 50 alte Grabkreuze samt den zu ihnen gehörenden Inschriften aus. Der Kramsacher Sagzahnschmied erhält damit eine bemerkenswerte Gottesackerkultur, die durch Jahrhunderte vor allem im Gebiet der Länder Nord-, Süd- und Osttirol sowie Bayern üblich war.

Hier liegt Hans Sauf. Wandrer,
mach' das Thürl auf.
Gott geb' ihm die ewige Ruh'.
Wandrer, mach das Thürl zu.

Wer vor diesem Gericht besteht,
fröhlich in dem [!] Himmel geht.
Wers nur hat mit Lust und Freud,
der wird wie mir*) vermaledeit.

Arme-Seelenbild in einer Kapelle vor Leutasch – *) wir

Hier ruht die
Anna Feilmoser.
Sie hat in ihrem Leben lassen
viel Altar und Kreuzweg fassen.
Gestorben ist sie im Augustus.
Gelobt sei Jesus Christus.

Lienz

Mit dem Schwert und mit der Feder
fochtet er für's Vaterland.

(Auf dem Grab eines Kanzlisten und Landesverteidigers) –
Lienz

Zu gut war er für diese Pilgerwelt,
drum eilte er zum Thor der Engel,
sanft verwelkend wie vom zarten Stengel
in der Sense Schwung ein Blümchen fällt.

Lienz

Ein Kreuz am Weg.
Gehst du vorbei,
gedenk, was dessen
Deitung sei.
Zieh' ab den Hut,
du bist ein Krist,
der durch den Herrn
erlöset ist.

zwischen Galtür und Mathon

Johann Penz von Gries ist verunglückt außer Matrei, wegen Gebeth hieher versetzt*).

am Weg von Matrei nach Maria-Waldrast – *) versetzt wurde das Marterl

50

Kommt, liebe Schäflein,
trinkt aus diesem Gnadenbronnen,
hier finden Gnad und Heil alle,
die zu mir herkommen.

Bildstöckl vor Maria Waldrast bei Matrei

Aus einer stillen Todtengruft
ein Postillon ist's, welcher ruft
dier, sorgloser Wandersmann:
Hör's und kehre dich daran!
Die der Welt ins Horn blasen,
führt sie gar oft bei der Nasen,
drum bang an Gott nicht an der Welt,
denk mehr an Tod als an das Gelt.
Mensch, du weißt ja die Stunde nicht,
in der dich Gott ruft zum Gericht.
Darum sei jederzeit bereit!
Denk es gibt eine Ewigkeit.
Der Tod, bekannt als Postillon,
führt jung und alt mit sich davon.
Auch mich gutschiert er früh hierher,
drum bet für mich und fürcht ihn sehr.

Postknecht Johann Schneider am Schönberg
† 28. 5. 1936
vor Matrei an der alten Brennerstraße

Wanderer, sieh dich vor
auf der Reise übers hohe Thor.
Der Weg ist weit,
schon manche führte er in die Ewigkeit.

ober dem Matreier Tauernhaus in Osttirol

Hier deckt den Metzger Prantl
zu des Todes Mantel.
Für einen Mann von 60 Jahr
ein starker Fall dies war.

zwischen Mieming und Rietz

Hier liegt begraben unser Organist,
Warum? Weil er gestorben ist.
Er lobte Gott zu allen Stunden.
Der Stein ist oben, er liegt unten.

Mils bei Hall; heute Museumsfriedhof Kramsach

Denkmal des ehr- und züchtigen Jüngling Kaspar Tschugg, so
den 23ten August 1791, seines Alters 64 Jahre, hier im Pfarrturm
zu Staub und Asche verbronen ist.

Gedenktafel am Pfarrturm zu Mils bei Hall

Bruckle gonga
Bruckle brocha,
obigfolla
und dersoffa.

Brücke bei Mötz

Ein Glück. Ein Unglücksfall
hat sich hier zugetragen,
es zeigt es das Gemähld,
es braucht kein weiter fragen:
Die Wiege auf dem Kopf,
die Mutter voller Eil
nach Hause wollte, denn
des Windes Sturmgehäul
war fürchterlich. Hier riß
vom Baum ein Ast sich los,
der schlug die Mutter tod,
das Kind nicht, welches Loos!
Das hat die Vorsicht zu
was anderm vorbehalten,
du Grübler, grüble nicht,
durchgrüble nicht ihr Walten. 1807.

Mötz

Hier ist Nikodem Niedermajr von einer wilden Kuh ermordet
worden, just als er zur Messe gieng.

vor Münster

Der Glaube hat in Tirol vielfältige Erscheinungsformen.

Wanderer, steh still an diesem Ort,
bett ein Vaterunser mir, dann setz' die Reise fort.
Du weißt auch nicht, wann es mit dir ist aus,
vielleicht bist du noch heut
bei mir im Todtenhaus. Andrä Span.

Natters

Auch ich trug einstens Bart und Zopf,
wie du jetzt trägst auf Erden.
Was ich jetzt bin, ein Todtenkopf,
auch du wirst's einstens werden.
Bet für mich,
spiegle dich!

über dem Beinhaus von Natters

Lieber Vater und Geschwister,
lebet wol hier noch einmal;
hier in diesem Weltgezitter
seh'n wir uns das letztemal.
Spiegelt Euch an meiner Leiche,
denkt, es dauert nur eine kurze Zeit,
sind wir auch im Todenreiche,
selbst ein Kind der Ewigkeit.
Und wenn euch schwere Leiden quälen,
nehmt sie nur geduldig an,
denkt, wieviele fromme Seelen
flechten sich die Marterkron'.

Navis

Hier liegt begraben die ehrsame Jungfrau N. N.
Gestorben ist sie im siebzehnten Jahr,
just als sie zu brauchen war.

Oberinntal; heute Museumsfriedhof Kramsach

Hier liegt der Herr Melcher,
Pfarrer gewesen ist welcher.

Oberinntal

Kristl. Andenken an den ehrsamen Alois Riml, welcher im Jahre
1866 den 20. 1. von einem Stein getrofen und mit alle Sterbsacra-

menden gestorben und geboren wurde anno 1796 den 9. Uebe-
röl*) zu Oberlechen.

Oberlechen im Pitztal – *) April

In diesem Grab liegt Anich Peter,
die Frau begrub man hier erst später.
Man hat sie neben ihm begraben,
wird er die ewige Ruh' nun haben?

Oberperfuß; heute Museumsfriedhof Kramsach

Konnt ich den Tod nicht hoffen,
doch der Blitz gezogen kam,
und mich am Kopf getroffen.

Stufenreich ob Ötz

Oft geht man aus
und kommt nicht mehr nach Haus.
Darum, o Mensch, sei jederzeit
auf einen guten Tod bereit.

bei Ötz

Im Rosengarten
will ich auf meine Eltern warten,
für sie betten alle Zeit
wie der Kinder Schuldigkeit.

Kindergrab in Ötz

Traget mich zu meinem Grabe,
in den sichern Ruheport,
den ich längst gewünschet habe,
traget mich nun eilenz fort.
Vielmals hab ich meine Glieder
zu der Arbeit ausgestreckt,
nun leg ich mich fröhlich nieder,
bis mich einst mein Jesus weckt.

(86 Jahre alte ehrsame Radegund Regensburger von Um-
hausen 1874) – Ötz

Das längste Ziel von Lebenstagen
ist siebenzig bis 80 Jahr,

ein Inbegriff von tausend Plagen,
auch wenn es noch so glücklich war.
Geflügelt eilt mit uns die Zeit
zu einer langen Ewigkeit.

Grab eines 80jährigen Bauern in Ötz

Kein Zeit, Ort ist uns bekannt,
wo sich das Leben endet,
die gerechte Gotteshand
hat uns den Tod gesendet.
Wir schlafen alle sanft
bis spät um Mitternacht
Wo mir*) im Hauß vermurrt
und nimmermehr erwacht.
Ein Vater und sein Weib,
3 Kinder auch darzu,
deckt nun, den 2. August,
im Hauß die Muhre**) zu.
Der Tod kommt unverhofft
bey dunkler Nacht herein,
sie werden alle beysamm
jetzt in den Himmel sein. 1851.

Ötz – *) wir **) Erdlawine

Gottlob, ich hab das Glück,
um Mitternacht zu hören,
der Brautzug kommet an.
Ich laufe ihm entgegen.
Die Ampel ist gefilt,
versehen voll mit Oel,
das Hochzeitkleid geschmückt
mit Freuden mit einstell.

Ötz

Glücklich, wer zur großen Reise
allzeit wol bereitet ist.
Weißt du wol, auf welche Weise,
wann und wo du stirbst, o Christ?

Die Grabkreuze mit ihren skurrilen Sprüchen erinnern nicht nur an Menschen des Bauernstandes …

… wie diese Beispiele zeigen: Neben eines Hirten wird eines Bierbrauers, zweier Müller und eines Arztes gedacht.

Halte dich von Sünden rein,
dann wie wirst du selig sein. 1856.
Armeseelenbild vor Ötz

Wenn junge Himmelserben
in ihrer Unschuld sterben,
so büßt man sie nicht ein;[*]
sie werden vom Vater oben
im Himmel aufgehoben
und nicht verlassen sein. 1875
Ötz – [*] verliert man sie nicht

Nun gute Nacht, ihr meine Freunde,
ihr alle meine Lieben,
ihr alle, die um mich geweint,
hört auf, euch zu betrüben.
Diesen Trost theil ich euch zu,
euch, ihr Erdenglieder,
seht, die Sonne geht zur Ruh,
kommt doch morgen wieder.
Ihr Geschwistert und Verwandte,
Freunde, Nachbarn und Bekannte,
ich wünsch' euch gute Nacht.
Bei mir ist's jetzt vollbracht.
Ötz

Oft geht man aus
und kommt nicht mehr nach Haus,
darum, o Mensch, sei jederzeit
auf einen guten Tod bereit.
Dienstknecht, von einer Lawine verschüttet – außerhalb
von Ötz

Ach, es thaurt nur kurze Zeit,
du wirst auch dein Leben schließen,
dann bin ich jede Stund bereit,
dich aufs neue zu begrüßen.
Schluß eines Dialoges zwischen der gestorbenen Gattin
und dem lebenden Gatten – Ötz

Wie wahr, o wie wahr!
Als ich in meinen [!] 68. Lebensjahr,
den 17. August 1863, für meine
Geisen Gras zu Heu machen
wollte, stürzte ich über diese
hohe Felsenwand. Meine Sackuhr
blieb plötzlich stehen,
mein Fleisch und meine Gebeine verdorten,
sind bereits verfault, da du dieses liesest.
Wanderer! Bethe für mich,
Eugen Haslwanter von Ochsengarten.

zwischen Ochsengarten und Ötz

Unvermuthet und ungefähr
kommt der kalte Tod daher
und streicht [dich] mit seinem Sensenschnit
in schönster Blüth zum Grabe mit.

Ötz

Glücklich, wer zur großen Reise,
allezeit bereitet ist.
Weißt du wol, auf welche Weise,
wann und wo du stirbst, o Christ?
Halte dich von Sünden rein,
dann nur wirst du selig sein. 1856

Bildstöckl vor Ötz

Wandrer, steh still und schnaufe,
bet ein Vaterunser und ein Auve.

Bildstöckl im Ötztal

Gewiß ist der Tod,
gewiß ist der Tag,
den niemand wissen mag.
O Mensch, gedenk dabei,
daß jede Stund
die letzte sei.
Andre Leiter von Niederthei. 1845.

Ötztal

Kommt her, ihr Wandersleute,
schaut dieses Denkmal an;
seht, wie man des Todes Beute
unvermuthet werden kann!
Drum wachet und betet,
benutzet die Zeit,
und machet euch täglich
zu sterben bereit!

Christian Höllriegel, am 11. Febr. 1848 über eine „Eisgallen"*) ab-
gestürzt und todt geblieben

beim Weiler Habichen im Ötztal – *) Eisblase auf dem Weg

Steh still, o Wandersmann,
geh nicht so schnell vorbei,
sieh her, o Mensch, wie kurz
die Zeit des Lebens sei!
Ein Spiegel ist allhier
zum Denkmal aufgestellt
zu zeigen, daß der Tod
nicht nur die Kleinen fällt.
Bet' Gottes Vorsicht an
und seie stets bereit,
so kann es fehlen nicht
in alle Ewigkeit.

Andreas Klotz, 1843 in der Ache verunglückt, am Weg von
Ötz nach Habichen

Mensch, was haben wilst
getan in deiner lösten Stünd,
das düe*) jaz**),
weil kannst noch ünd bist gesünd. 1802.

Bildstöckl Murrach im Ötztal – *) tu – **) jetzt

Mensch, was du haben willst gethan
in deiner letzten Stund,
das thue jetzt, weil d' kannst
und auch noch bist gesund.

am Weg nach Tumpen im Ötztal

Mahnung zu Glauben und Besinnung: geschnitzte Schutzmantelmadonna und schlichte Kreuze auf einem Waldfriedhof.

Der Tod pflegt vielmal wie ein Dieb,
im Finstern herzuschleichen.
Und ist die Stunde dir nicht lieb,
ihn [!] kannst du nicht entweichen.
Sein Pfeil ist Gift, wenn er dich trifft,
so kann kein Arzt dich heilen.
Drum halte Wacht bei Tag und Nacht,
hier schadet das Verweilen.

> Das Bild stellte die armen Seelen im Fegefeuer dar, die
> bittend die Hände zum heiligen Antonius erheben – am
> Eingang des Ötztales bei Brunau

Wann du stirbst, ist dir verborgen.
Drum steh immerfort in Sorgen.

> von der Felswand abgestürzt 1842 – am Eingang des Ötz-
> tales bei Brunau

Wo man und wie man sterben werde,
unbewußt ist jedem dieß,
nur daß alles auf der Erde
sterblich sei, bleibt ganz gewiß.

> vom Felsen gefallen 1854 – Ötztal

So weiß der Mensch kein Tag noch Stund,
er weiß nicht, wie und wann er stirbt.
Dies ist das Wort aus Gottes Mund,
das leider oft vergessen wird.
So lernet nun aus diesem Falle
die Wahrheit, die da spricht:
Lebt tugendhaft und fromm ihr alle,
ihr wißt die Stund des Todes nicht.
Denkt an den Junggesell da immerhin
und betet da für ihn
Vater unser, Ave Maria.

> im Inn verunglückt beim Wasserentenschießen 1853 – am
> Eingang ins Ötztal

O Maria voller Gnaden,
bewahr das Vieh und uns vor Schaden.

> zwischen Patsch und Heiligwasser

Wanderer, steh still,
verweill ein wenig hier,
betracht mich ein wenig,
weill du kommen mußt zu mir.
B. Strobl. 1878.

zwischen Patsch und Igls

Gedenke der Jungfrau Barbara Hechenpleikner, welche hier unter der Schneelawine ihr zeitliches Leben in das ewige verwechselt hat.

Paznaun

Das war wohl eine dunkle Nacht,
die mich ins kalte Grab gebracht.
Vor mir der Tod, und ich allein,
so gruben mich die Wellen ein.

Peter Prantl, verunglückt im Achensee 1887; bei Pertisau

Er führte kunstgerecht den Pflug,
besäte so die Erde,
und lenkte sicher, scharf und klug,
mit Meisterhand die Pferde,
und als entschwand die alte Kraft,
das scharfe Auge trüber,
kutschierte noch mit Meisterschaft
der müde Mann – hinüber.

Pettneu

Er lebte fromm und recht,
der hier derdruckte Bauernknecht,
zum Glücke war er ledig –
Gott sei ihm im Fegefeuer gnädig.

Pillberg; heute Museumsfriedhof Kramsach

Frühverwelkte Blümlein blühen dort
schöner nun im Himmelsgarten fort,
und vergeßt, verklärt im ew'gen Licht,
eure Eltern und Geschwister nicht.
Reichet kindlich ihnen eure Hand,
zieht auch sie zu euch ins Himmelsland.

Pillersee

Hier ruht der ehrenreiche Jüngling
Peter Richter.
Jetzt stumm und kalt,
war 89 Jahre alt.

Plangeroß im Pitztal; heute Museumsfriedhof Kramsach

Der Toad in Host,
a wilder Gost,
thuat olles oba mocha[*],
wer will, der thuats,
der nit will, muaß,
kuam[***] thuat ma Küachla bocha[****].

Ried im Oberinntal – [*] gleich machen – [***] keinem – [****] eine Ausnahme machen

Ich, Johannes Juen,
bitte dich, mein lieber Gott,
recht schuen[*],
laß mich in Himmel ein,
wie ich auch würde thuen,
wenn ich wär Gott allein
und du Johannes Juen.

Ried im Oberinntal – [*] schön

Dise Persahn ist zehn Jahr lang von einem Geist in allerhand Gestalten und auf allerley weis gar heftig versuchet worden. Durch
Firbit und Hilf des hl. Antonij ist sie von diser Blag gänslich be-
freyet worden.

Antonikirchlein bei Rietz

Itz fang ich an zu leben,
da ich gestorben bin,
und werde wie die Reben
im Frühling wieder grün.
Der Herr hat mich geschnitten,
als er mich heimgesucht;
ich habe Qual gelitten,
itz bringt sie süße Frucht.

Rinn (ebenso in Mühlbach im Pustertal)

Wie gefährlich ist die Buß,
die der Tod erzwingen muß.

Totenkapelle in Rinn

O Maria, durch deine Gnad
gib uns ein seliges End,
erhalt uns, daß wir nicht sterben
ohne die hh. Sakrament.
Thu uns bei Gott die Gnad erwerben,
daß wir in der Liebe Gottes sterben.

Bildstöckl bei St. Johann in Tirol

Die Heerde weidend auf der Flur,
will ich nach Kindes Weis
zum Schutz vor Frost und Zeitvertreib
ein Feuer mir anzünden;
doch ach, gar schnell und unvermerkt
ward ich der Flammen Preis,
das Kleid verbrannte mir am Leib,
kein Retter war zu finden.
Da hob ich meine Händ' empor
und rief aus bangem Herzen:
Maria, sieh mit Mutterblick
herab auf meine Schmerzen!
Auf meinen Ruf eilt man herbei,
zu finden meine Pein,
allein in meiner Eltern Haus,
nach schweren Leidensstunden,
tritt bald zu mir im Himmelsglanz
der Todesengel ein.
Er führt mich heim ins Vaterhaus,
wo Ruhe ich gefunden;
der Blume gleich auf Wiesengrund,
verwelkt dies Erdenleben,
d'rum Herzensreinheit, Kindersinn
soll uns das ewige geben!

verbranntes Kind 1840; Scheffau

Hier liegen begraben, vom Dunder derschlagen
drei Schaf, a Kalb und a Bua;
Herr, gib ihnen die ewige Ruah.

Scheibbrand im Pitztal; heute Museumsfriedhof Kramsach

Erbormd euch unser,
die vorbeigehen. 1878.

Bildstöckl am Fußweg von Schönberg zum Patscher Bahnhof

Kein Stundenschlag ertönt,
kein Tropfen Zeit verfluthet,
wo nicht ein Menschenherz
im Todeskampfe blutet.
Kein Morgenroth beginnt,
kein Abendroth erscheinet,
wo ein Verlaßner nicht
um den Erblaßten weinet.

an der Straße von Schönwies nach Imst

Gottfried heiß ich,
in den Himel reis ich,
Will sehen, was Gott Vater macht.

Schwaz

Mir gab Alexander Colin den Possen*),
Hans Stof Löffler hat mich gegossen.

Grabmal des Hans Dreyling, erzherzoglicher Rat, Berg- und Schmelzherr 1578; in Schwaz – *) Modell

Magst nichts machen, wenn Gott will.
Anna Maria Prandtnerin.

Sellrain

O heilige Maria Magdalena, bitt für uns!
Nachdem wir dir im Sündigen folgten,
also auch in der Buße nachfolgen,
damit wir einst selig sterben.

Magdalenabild in der Nähe der Liseneralm in Sellrain

Ein Jüngling in der schönsten Blüthe,
Josef Malser, wie bekannt,

fiel in des großen Innes Mitte,
und riß ihn mit ins Unterland.
Der Innstrom riß ihn ohn' Erbarmen
mit einem Ruder in der Hand,
er strekte kämpfend seine Armen
vergebens in der Wellen Strand.
Ihn wollten retten viele Leute
und sprangen lange nach dem Stram*),
bis endlich diese Todes-Beute
entseelt, entstellt in Schwaz ankam.

Sebastiani-Kirchl bei Silz – *) Strom

Dieses Denkmal ist gesetzt zur frommen Erinnerung zum Gebethe
für die Seele des ehrsamen Landsmannes J. Kluibenschädl, welcher am 28. IX.53 im 44. Jahr über einen hohen Felsen herab-
stürzte und wahrscheinlich in Folge dessen 2 Tage darauf sein
Leben endete.

Silz

Hier verunglicket der ehrsame Jungesel*)
Andreas Wild, Ficharz**) von Sistras.

bei Sistrans – *) Junggeselle **) Vieharzt

Die hier gebaut,
die schlummern in Särgen,
an ihren Gräbern knien wir
als ein Geschlecht von Zwergen.

Sölden

Zwei Eltern hast du, o Menschenkind,
doch einen Gott, nicht mehr.
Und wenn gestorben beide sind,
am Leben bleibt doch Er.

Sölden

In stiller Trauer sollt ihr mein gedenken,
ein Ave mir und eine Träne schenken,
doch trostlos nicht an meinem Grabe stehn.
bleibt Gott in Liebe treu! Auf Wiedersehn!

Sölden

Früh gingst du fort aus unserer Mitte,
jetzt strahlst verklärend du als Himmelsbraut;
denn seit dem Tage, an dem du schiedest,
bist du dem Heiland angetraut.

Sölden

Dieser Mann war einfach und aufrichtig
und wandelte in der Furcht des Herrn
und enthielt sich vom Bösen.
Besser ist ein Armer, der in seiner Einfalt wandelt,
als ein Reicher auf bösen Wegen.

Sölden

Dem mutigen Streiter fürs Vaterland,
dem eifrigen Lehrer der Kinder,
dem Ratgeber der Jugend,
dem Tröster der Kranken und Armen,
dem treuen Freund seiner Mitbrüder.

Sölden

Im Lazarett ein Kriegsgefangener
liegt todesmatt auf hartem Pfühl,
sein Leidensweg, ein vielbegangener,
er endet fern dem Heimatziel,
denn heim zum schöneren Vaterlande
hieß ihn der Herr erbarmend gehn,
aus Völkerhaß und Völkerschande
zum ewigen Frieden. – Wiedersehn!

Sölden

Die Mutter trug man schon vor Jahren
im Sarg vom Berg herab,
heute gehen Trauerscharen
mit des Vaters Sarg zum Grab.
Nie vergessend diese Stunde
kehren weinend wir nach Haus',
wollen durch ein frommes Leben
sein der Eltern süße Freud',

daß sie gnädig von den Himmels Höh'n
auf uns, ihre Kinder, niedersehen!

Sölden

Gedenke deiner Mutter
und vergiß ihrer Schmerzen nicht.
Ein Muttergrab, so tränenreich
und trostvoll doch ist keins wie dies;
denn niemand fleht für uns so weich
wie's Mutterherz im Paradies.

Sölden

Ruhig war dein ganzes Leben,
ruhig auch dein schöner Tod,
du littest still und gottergeben,
so ruh' nun ewig aus bei Gott.

Sölden

Fromm und ehrlich war dein Leben,
christlich warst du stets gesinnt,
Mutter, ewig wird der Herr dir geben
den Lohn, den du schon längst verdient.

Sölden

Hier unten in dem stillen Haus
verstummen alle Klagen,
hier heilen alle Wunden aus,
die dir die Welt geschlagen.

Sölden

Das goldene treue Mutterherz!
Wer kann es uns ersetzen?
Uns wiegt es nie und nimmer auf
die Welt mit ihren Schätzen;
an ihrem Grab versprechen wir:
Dem Mutterbeispiel folgen wir.

Sölden

Dem Mutterschoße kaum entschwunden,
hast du das beste Land gefunden;

Mach' Platz dort oben, liebes Kind,
für uns und die dir teuer sind!

Sölden

Kaum war ich hervorgegangen
wie ein Blümlein auf dem Feld,
hat mich schon der Tod umfangen,
losgerissen von der Welt.

Sölden

Ach, wie dringen tief die Schmerzen
immer neu durch Kinderherzen
bei der Mutter Gruft;
doch der Glaube muß uns heben,
will das Herz von Schmerz erbeben,
da er tröstend ruft:
„Kinder, einst beim Aufersteh'n
werdet ihr die Mutter sehn,
denn die Nacht, die hier sie decket,
bis sie sanft der Engel wecket,
ist nur kurz, und dann –
so befolgt jetzt ihre Lehren,
niemand wird's euch dann verwehren,
einst beim letzten Gang
mit der Mutter einzukehren,
wo wir alle ewig währen."

Sölden

Als guter Vater, als edler Mann
voll Tatkraft und Eifer und Streben,
ehrengeschätzt von jedermann,
beschloß er verdienstvoll sein Leben.
O laß ihn, du gütiger Gott, zum Lohne
Barmherzigkeit finden
bei deinem Throne.

Sölden

Bleibt treu, und kost es, was es will,
dies führt zu Gott, zum ewigen Ziel.

Sölden

Vater, Mutter, weinet nicht,
ich bin vor Gottes Angesicht;
die Erde deckt nur meine Hülle,
ja, euer Liebstes deckt sie tief;
doch es geschah des Herren Wille,
der diesen Engel zu sich rief.

Sölden

Ein hoffnungsvolles Mädchen
gieng auf dem Berge da hinaus,
ganz munter, wie's die Mädchen haben,
sah nicht mehr nach der Eltern Haus.
Ihre Geschwistert giengen an ihrer Seite,
und sie gieng nur etwas voran,
so gieng sie, ja gieng gar nicht weite,
da war schon der Tod daran.
Sie hat den Berg kaum betreten,
so stürzet sie alldort hinab,
nicht im Stande, sie zu retten,
fand sie dort ein schauerliches Grab.
Mutter und Geschwistert, weint um sie!
11. August 1858.

St. Leonhard im Pitztal

Im Jahre 1863, am 4. Dezember, ist der ehrsame Jüngling Jeid von
Schweighoff mit Kitzaussteigen von einem hochen Felsen herabgefallen und gleich gestorben.

Der Mann fuhr jetzt zum Felsensturze,
den Namen Gottes stets im Mund,
und endete stürzend seine kurze,
auch letzte, schwerste Lebensstund.
Freund, Kinder herzlich weinen,
bedauernd tief dein hartes End,
es trauern mehr (als noch die Seinen),
wer immer nur dein Schicksal kennt.
Doch die schreckt Tod und Felsen nicht,
der stets mit Gott und Tugend sich.

St. Leonhard im Pitztal

Ich bin noch einer jung von Jahren,
ich bin auf die Alben*) gefahren;
das Viehg'schäft war mein Freud,
jetzt muß ich unter Donnerblitz
in die Ewigkeit.
Wer mich had kennt,
Peter Berauer bin ich genennt,
um einen Vaterunser bitt ich euch,
komm ich zu Gott, so bitt ich auch für euch.

Stampfanger bei Söll –*) Alm

O heiliger Wendelin, du Viechpatron,
siech uns als deine Kinder an.

Stubai (Bärnbad); heute Museumsfriedhof Kramsach

Der Weg in die Ewigkeit
ist doch gar nicht weit,
um 7 Uhr fuhr er fort,
um 8 Uhr war er dort.

Stubai; heute Museumsfriedhof Kramsach

Christliches Andenken an den ehrengeachteten Jüngling Heinrich Hauser, welcher im 11. Jahre seines Lebens am 12. Mai 1875
in diesem Landgraben verunglückte, und dessen Leiche weder
lebendig noch todt aufgefunden werden konnte.

Stumm im Zillertal

Hier ruht die ehrsame Jungfrau Nothburga Nindl. Auch ruhet da
ihr unschuldiges Kind Josef.

Telfes; heute Museumsfriedhof Kramsach

Ruhe, Vater, von aller Plage
in der stillen Gruft nun aus,
steh vergnügt am letzten Tage
früh mit der Posaune auf.

Telfs

Hier ist den 23. Oktober 1857 Simon Hechenberger, Weißgärber-
sohn von Telfs, durch ein Pferdstreich verunglückt worden,

welcher mit den heiligen Sterbsakramenten versehen. Er starb am 30. Oktober 1857.

beim Mörderloch unweit Telfs

Hier ruhet die ehr- und tugendsame Jungfrau Rosina Baumgartner.

> Liebe Rosina! Wie so manche Nacht
> haben wir mitsamen zugebracht,
> bis der liebe Heiland kam
> und dich wieder zu sich nahm.

Tulfes; heute Museumsfriedhof Kramsach

Christ[liches] And[enken] an N. N. von Madseiten, welcher auf dem Madseitberge beim Stadeldecken vom Dach fiel, bergab rutschte und hiemit eine Beute des Todes geworden ist.

Tux

Ch[r]istliches Andenken des zehnjährigen Schulknaben Heindrich Erler, dazumal auf der Neßlau, welchen der Tod mit seinem scharfen Pfeile senkrecht gegenüber mit Ziegensuchen unglücklicher Weise überrascht hat. Es geschah am 5. September 1865.

Tuxertal

Hier ruhen die Überreste des unschuldigen Kindes der Ehe- und Bauersleute N. N., welches am 2. Februar '72 von seinem Schöpfer für würdig erachtet wurde, als Neulied-Sänger zur himmlischen Hofstatt aufgenommen zu werden.

Tux

Zur frommen Erinnerung im Gebethe an die ehrsame, 40 Jahre lange Witwe Anna Kreidl. 1884.

Tux

Hier ruht in Gott selig die ehrsame N. N. von Mittergries, welche am 2. April 1884 ihren 95 Jahre hohen Lebenslauf kindlich beschlossen hat.

Tux

Hier auf dem Hügel seines Schwiegersohnes ruht der wohlgeachtete N. N., welcher am 24. Oktober 1882 im Urenkelalter Gott ergeben im Herrn verschied.

Tux

Hier ruht der Junggesell N. N., welcher am 24. März 1879 auf freiem Felde augenblicklich vor Gottes Gericht gestellt wurde. Seine Seele war Gott wohlgefällig, darum eilte er, ihn aus der Mitte der Laster hinwegzunehmen.

Tux

Hier ruhet in Gott seelig der ehrsame N. N., welcher am 9. Juni den Erfalltod anheimgefallen ist.

Tux

Hier ruhen ihrer drei:
a Ochs, a Esel und er dabei.

Tuxerjöchl; heute Museumsfriedhof Kramsach

Zum christlichen Andenken an den ehrenzüchtigen Junggesell N. N., welcher im Jahre 1884 nach unerforschlichen Ratschluß Gottes durch eine Masse Pulverentladung einen schaudervollen Tod überstanden hat.

Tux

Das ist Johann N. vom Stiegerhäusl, welcher am 14. August vom Tode überhaschet, und hat geheißen gschnell der Ewigkeit zu.

Tux

Allhier ist die tugendsame Jungfrau Gerdraut Steixner glücklicherweise über dem Schrofen herabgestürzt, hat sich aber dennoch am 26. August 1840 im 67. Lebensjahre zerfallen.

Unterberg im Wipptal

Aufigschtieg'n,
obagfall'n,
hingwös'n.

Unterinntal (Ampaß?), Oberinntal (Imst?); heute Museumsfriedhof Kramsach

Wir bitten euch durch Jesu Wunden,
helfet uns aus dieser Pein.
Wann wir haben Gnad gefunden,
werden wir gewiß euch dankbar sein.
Es sind für sie entschwunden
die schönen Lebensstunden;

74

nun sind sie in die Ewigkeit,
wo keine Glocke schlägt die Zeit.
Sie leben im Gerichte
vor Gottes Angesichte
und legen die schwäre Rechnung
dort von jeder That, von jedem Wort.

Unterinntal

Das ist eine harte Reis',
wenn man den rechten Weg nicht weiß;
frag die drei heiligen Leut[*],
die zeigen dir den Weg zur Ewigkeit.

häufiger Friedhofsvers, bes. im Unterinntal – [*] Jesus, Maria und Josef

Gleich dem Winde verfliegt das Leben mit seinen Gestalten.
Schmerz und Freude verrauscht, Bittres u[nd] Süßes entflieht;
nur das Gute, es bleibt und redet am Throne des Höchsten für
den sterblichen Geist bittend ein liebendes Wort.

Grab der Familie Schenach in Untermieming

Plötzlich hat der Herr den Faden abgewunden,
den gesponnen du in voller Wirksamkeit,
und weil treue Liebe er in dir gefunden,
rief er dich zur ew'gen Seligkeit.
Wenn in dieser Liebe jetzt wir um dich weinen,
wird einst diese Liebe uns mit dir vereinen.
O süßester Jesu, sei uns nicht Richter, sondern Seligmacher!

Grab von Franz Haslwanter in Untermieming

Ein Vaterunser bete mir.
Vergelt' es Gott, sag ich dafür,
und kommt an dich einmal die Reih,
ein andrer bete für dich zwei.

Grabstätte der Marie Glatz in Untermieming

Anna Walaheit und Josef Tschugmell von Obermieming, beide
im Alter von 63 Jahren, die Gattin am 3. Februar, der Ehemann
am 19. Mai 1891, selig im Herrn verschieden:

Das Sprichwort fordert: Mann und Weib
sei Tag für Tag ein Seel, ein Leib,
drum folgte, als die Gattin schied,
der treue Gatte lebensmüd
ihr alsbald nach, um abends nun
im gleichen Grabe auszuruhn.
„Von nun an", spricht der Geist, „sollen sie ruhen
von ihren Beschwerden." Apost[elgschichte] 14, 17.

Friedhof Untermieming

Als treuer Führer hier zu Land
warst du gesucht von vielen Touristen;
vertrauend deiner starken Hand,
bestiegen sie der Berge Fürsten.
Doch kam der böse Tag; –
dein Stern des Glücks,
er ist so früh entschwunden:
Am Similaun deinen Herrn
und dich der grauße Tod gefunden.
Doch deiner Kinder reiner Geist
ist flugs vom Himmel hergekommen
und hat die Seel', da sie verwaist,
in sichere Höhen mitgenommen.

Grab des Bergführers Peter Paul Gstrein von Gurgl im
Friedhof zu Vent

Das eine fällt von einem Fels hinab,
das and're find't in einem Bach sein Grab;
es kommt der Tod, er scheut kein' Zeit noch Ort,
mit seiner Sense mäht er alles fort.

im Latschbach verunglückt; Vent

Ich bin gewesen wie du,
du wirst werden wie ich.
Drum' bitt' ich dich,
denk im Gebet an mich! -

Sturz vom Felsen 1857; vor Vent

Was hat der Herr mit Ignatz gethan,
zuletzt schaut er noch den Bruder an,

er sagt, spring hin auf den Hut geschwind,
sonst nimmt ihn hinweg der Wind.
Und als er so auf den Hut hin sprang,
kein Eisen ist in den Wasen gang[*],
er fiel hinunter auf einen Stein,
der Kopf war entzwei, kein Hirn mehr drein,
vermuthlich war er auch schon todt,
tröste ihn der liebe Gott.
Nachschrift. Hier[***] verunglückte
Josef Staller im 36. Lebensjahr.

am Weg nach Virgen zwischen Rückental und Mitteldorf –
[*] Das Steigeisen hielt nicht im Rasen – [***] am Hinteregger
Kogel beim Bergheuen

In Glickh, o Mentsch, ibernimb di nit,
in Unglickh verzage nit,
Gott ist ein solicher Man,
der Glickh und Unglick wenden khan.

Totenkapelle in Völs

Wer du immer hier an frischer Quelle
Labung findest oder suchst,
denk auch drüben an die Leidensstelle!
Mitleidsdurstig du dann rufst:
„Herr erbarme dich der schmachtenden Seelen,
die dein Blut erquicken mag,
laß beim Himmelsborn doch niemals fehlen
mich am Auferstehungstag."

an einem Brunnen unweit Völs

Hier hat Joseph Rofner glücklicher Weise durch einen Fall ins
Wasser sein Grab gefunden im 29. Lebensjahre. Betet einen Va-
terunser und setzet dazue: Herr gib ihm die ewige Ruh' von
Zams.

bei Volders

Eine Jungfrau von 3 Jahren ist in diesen Fluß gefallen worden,
und den Geist aufgegeben hat.

Volderwald

Ach, ach, ach, hier liegt der Herr von Zach,
er war geboren am Bodensee
und ist gestorben an Bauchweh.

Vomp; heute Museumsfriedhof Kramsach

Er maß sieben Schuh,
Gott geb' ihm die ewige Ruh.
Ein unglücklicher Ochsenstoß
oeffnete das Himmelsschloß.

Vomp; heute Museumsfriedhof Kramsach

Hier starb ich nur, dort werd' ich leben,
hier kroch ich nur, dort werd' ich schweben,
erlöst von Banden und Trug,
in hohem Engelflug.

Waidring

Eilends wollt' ich zum Jubileum[*] gehn,
blieb mir aber die goldne Zeit nicht stehn,
sobald ich kam in dieses Thal,
so schlägt mein Stund den letzten Schall.
So wird es Gottes Willen sein,
führ' mich Gott ins ewige Jubileum ein.

am Weg nach Walchsee – [*] Kirchliche Gedenkfeier, meist
mit Ablaß

Zu Haus bin ich im Kärntnerland,
gestorben in Tirol.
Beim Holzen auf der Gamssteinwand,
da ward mir nimmer wohl.
Geschehen ist's am Laurenzitag,
da ich maustot herunten lag.
Ich, Raimund Viertler, war kaum 30 Jahr,
als man mich legt' auf die Totenbahr.
Gedenket im Gebete mein!
So werd ich euch dankbar sein! 1904.

Wattental

Willst du auf Kraft und Jugend dich verlassen?
Mein Freund, besinn dich eines Beßern hier;

denn sieh, wie jung und stark mußt' ich erblassen;
was mir geschah, geschieht gar leicht auch dir.
Drum flieh die Sünd, sei stets zum Tod bereit,
damit es dich ja nicht zu spät gereut.

1852 beim Holzabschneiden verunglückt; an einer Säge im Wattental

Christliche Erinnerung im Gebete
an Jüngling Leo Ebner von Weer,
war Schafhirt auf der Watzalm
im Jahre 1895, 16 Jahre alt, verirrte
sich bei Sturmwetter auf der Alpe Möls,
wo er tot aufgefunden wurde.
Gott, Du Herr, sei ihm gnädig!

Wattental am „Stoager-Asten" auf dem Weg in die Lizum

Schon hundert Jahre stehe ich am Wege hier;
zu allen, die da kamen, blickten her zu mir,
sprach ich liebevoll: Schäflein folge mir.
Mancher hörte mich, gewann die Herzen sich,
mancher aber, ach!, schloß Herz und Ohren zu,
Leser, sage mir, was denkst denn du.
Errichtet 1731, Renovirt 1851.

Relief an einer Tanne unter Weerberg

Hier liegt Martin Krug,
der Kinder, Weib und Orgel schlug.

Grab des Schullehrers und Organisten in Wiesing; heute Museumsfriedhof Kramsach

Sie litten vieles hier auf Erden,
doch das thut noth zum selig werden,
denn wer dafür nicht leiden will,
der schweige nur vom Himmel still.

Wildermieming

Heiliger Donatius!
Wir bitten durch deiner Marter Blut,
behüte vor Wetterschaden uns Haus und Gut.

Bildstöckl bei Wildermieming

Christliches Andenken der Elisab[eth] Eder, welche auf einen
schnid Aker*) durch einen schnellen Tod ihr Leben verwechselt
hat. 1870.

Wildschönau –*) Schnittacker

Er hat hinab zur Weißbachschlucht
nach einem kurzen Weg gesucht,
er kam hinunter, doch nicht heil –
der Weg war kurz, jedoch zu steil.
Otto Lanzinger R. I. P. 1931
beim Mauthäusl

Außen: Hier liegt Hans Sauf,
Wandrer, mach' das Thürl auf.
Innen: Gott geb' ihm die ewige Ruh'.
Wandrer, mach' das Thürl zu.
Wilten; heute Museumsfriedhof Kramsach

O Welt, mich reizt eine wahre Lust,
die ich hege in der Brust,
ich will sterben, daß ich lebe,
und Gott mir getreulich gebe
den heilig mir versproch'nen Lohn
und des Himmels feine Kron'.
Wilten

Allhier an diesem Ort,
da kann ich nicht mehr fort,
ich wollte fahren nach Haus,
da ist mein Leben aus.
O Mensch, sei fromm und wolbereit,
leb nicht in falscher Sicherheit!
Die Todesstund kömmt ungewiß herein,
es könnt' noch heint die letzte sein.
verunglückter Fuhrmann; bei der Stefansbrücke im Wipptal

Hier liegt Nothburga Stöger. Sie starb, versehen mit den k[ristli-
chen] u[nd] k[irchlichen] Sterbsakramenten.
Zirl; heute Museumsfriedhof Kramsach

Hier fiel Jakob Hosenknopf vom Hausdach in die Ewigkeit.

Zirl; heute Museumsfriedhof Kramsach

Steh', Wandersmann,
das Grab schau an,
ein Zollner wirst drin sehen.
Gib ihm den Zoll,
auf daß es woll',
was er verlangt, geschehen.
Der Zoll soll sein,
die Andacht dein,
dieselbige ihm schenken,
auf daß alldort,
an jenem Ort,
er deiner auch gedenke.

Grab des k. k. Oberzoller Franz Reiner († 1749) in Zirl

Der erst Juni in diesem Jahr
auch der letzt meines Lebens war.
Frei, ungezwungen, doch nicht verwegen,
im 23ten Jahr ritt ich dem Tod entgegen.
Darumb, o Mensch, flieh die Gefahr,
daß du kannst seelig werden jedes Jahr. 1795

Zirl/Kalvarienberg

Südtirol

Anno 1609 am 20. Mai ist durch dießen See ein Schüf mit 5 Personen wegen grausamen Wind unter unt iber gegangen unt 2 von dieszen Personen, nemlich Abraham Gogl und Brigitta Paszler darin ertrunken Unt die andern 3 sind durch Anrufung dieser hl. Patronen, di da aufgemalt sint, vom augenscheinlichen Tode glücklich errettet worden.

am Antholzer See

Wer war dieser Mann von Jenesien,
Wird sich fragen wohl ein jeder:

Er hieß Peter Schreiber von Jenesien,
ward genannt der blinde Peter.
Bozen

Der bösen Welt, der bösen Zeit
bin ich, gottlob, davongeeilt,
ich sterb in Jesu, es ist vollbracht,
und wünsch der Welt eine gute Nacht.
Kindergrab in Brixen

Im Leben roth wie Zinnober.
Im Tod wie Kreide so bleich,
gestorben am 17. Oktober,
am 19. war die Leich.
Brixen; heute Museumsfriedhof Kramsach

Hier liegt der reiche Lederermeister,
Patriz Gandelhofer heißt er,
mit seidene Strümpf und Niederschuh[*]
gieng er ein in die ewige Ruh.
Bruneck – [*] Schnallenschuhe als Beleg seines Reichtums

Longinus mit der Lanzen
sticht Christi in den Ranzen,
daß er laut aufschreit:
G'lobt und gebenedeit
sei die Hl. 3faltigkeit.
Bildstöckl bei Bruneck

Hier liegt mein Weib, Gott sei's gedankt!
Bis in das Grab hat sie gezankt,
lauf, lieber Leser, schnell von hier,
sonst steht sie auf und zankt mit dir.
Dorf Tirol (1788); heute Museumsfriedhof Kramsach

Von den vielen Erdenplagen
hat der Herr sie früh befreit,
er hat sie freundlichst eingeladen
zu der Himmelsherrlichkeit.
für vier Kinder in Durnholz im Sarntal

Menschen, schrecket nicht zurücke,
dieses Grabmal anzuseh'n,
schenkt der Zukunft eure Blicke,
denkt, ihr alle müsst vergeh'n.
So die Armen, so die Reichen,
alle werden 's Grab erreichen.
So die Jungen, so die Alten
werden ihren Lohn erhalten.

Durnholz im Sarntal

Liebe Kinder, denket meiner,
geht zu mir in Freithof einer,
tut zu meinem Grabe treten
und mir ein Vater unser beten.

Durnholz im Sarntal

Zu Gott und unser lieben Frauen
setz ich mein Hoffnung und Vertrauen,
was mein Gott will, das ist mein Ziel,
darauf ich leben und sterben will. 1644.

Votivtafel in der St. Justinakapelle in Eppan

Da, Wanderer, steh stille
betrachte meinen Fall,
ich fiel auf Gottes Wille,
der Weg war so viel schmal.
So lerne durch mein Enden
das jeder, wer er sey,
tag-, stündlich kann vollenden,
davon ist niemand freu.
Mein Peipsiel[*] sei zur Lehre,
zur Warnung für dein Heil,
was ich dafür begehre,
ist des Gebethes Theil.

bei der Fragsburg – [*] Beispiel

Das weih ich der göttlichen Mutter,
weil sie mir erhalten hat
meine Ruh guter[*].

Freienbühl zwischen Klausen und Brixen – [*] gesund

Als wir beide, Knecht bei Jakob Lageder, Unterschuttscher hier,
an diesem Ort einen Birnbaum verarbeiten wollten, so wurden
wir beide verunglückt, und mir, Josef Verginer, machte Gott in
Zeit von 3 Stunden am 17. 6. im 62. Lebensjahre ein Ende.

Rischtig kamen wir in diesen Wald,
hier an diesem Orte
stand ich, ach, nur zu bald
vor der Ewigkeits Pforte.
Zwei und sechzig Jahr
zählte ich noch kaum,
stürzt mich in die Todtenbahr
dahin ein Birnbaum.

im Layener Ried in Gröden

Hier liegt in Gottes Handen,
der 95 Jahr gestanden;
ein Ehrer Mariä u[nd] Gottes zusamm
ließe allda sein Namen u[nd] Stamm,
der hochwolgeborne Christ
Joseph Mayrhofer von Koburg
u[nd] Anger, gestorben zu Innsbruck,
d[en] 16. Aug[ust] 1775.

Gufidaun im Eisacktal

Seid wachsam stets, weil ihr nicht wißt,
wann euch der Herr ruft zu Gericht;
wer jederzeit bereitet ist,
den schreckt des Herrn Donner nicht.

am 1. Juli 1824 Peter Göll sammt seinem Weibe und drei
Knechten vom Blitze erschlagen; am Jaufenberg

Mensch, betracht die Todtenbahr,
fileicht stirbst du noch dieses Jahr.

Totenrast in Karneid

Oh, Abraham – 's ist alles umsunst,
weil dir der Engel aufs Zündpfannl br …

bei Karthaus (Schnals); heute Museumsfriedhof Kramsach

Maria! Mutter, gnadenreich
mit deiner Hülf von mir nicht weich',
von Gott mir die Gnade erwerbe,
daß ich in keiner Todsünde sterbe.

Bildstöckl bei Kastelruth

Von sieben Stichen todtgebohrt,
starb Peter Hofer hier am Ort.
Der gerechte Gott im Himmel
wird strafen einst auch diesen Lümmel[*].

bei Lana – [*] den Mörder Hofers

O liebes Kind, wo gehst du hin,
wisse, daß ich dir ja Helfer bin,
und wer liebt dich so sehr wie ich,
so steh' doch still und grüße mich.

bei Latsch in Vintschgau

Zur Reise in die Ewigkeit
brauchte er nur kurze Zeit:
um 10 Uhr morgens ging er fort,
um 11 Uhr mittags war er dort.

Erinnerung an einen Buben, der beim Hofe Außerpontives
in Layen zu Tode stürzte; heute Museumsfriedhof Kramsach

Leicht unweit von hier im Walde
kam ich, Junggesell Johann Schenk
Kaiser, in Tanürz unter einen grossen
Lärchbaum u[nd] machte meinem zeitlichen
Leben den 16. März 1887 im 39. Lebensjahre
augenblücklich ein Ende.
Richtig kam ich in diesen Wald
hier an diesen Orte,
stand ich, ach, nur gar zubalt
vor die Ewigkeitspforte,
neinunddreisig Jahre
zehlte ich noch kaum,
stürzte mich an die Todtenbahre
ein grosser Lärchenbaum.

beim Badhause St. Peter hinter Layen

Geth da vorbey, wer nur woll,
ein Vaterunser beten soll.

Totenrast in Leitach bei Bozen

Christliches Andenken an N. N., der ohne menschliche Hülfe
ums Leben gekommen ist.

Luttach (Tauferertal); heute Museumsfriedhof Kramsach

Hier ruht die selige N. N.
und thut in diesem Rosengarten
auf Ihre Eltern warten,
nicht auf Ihre Eltern allein,
auch auf die ganze Pfarr-Gemein.

Marein bei Neumarkt

Den 24. July 1686 hat dis Khindt, Catarina Schepferin, ain Hiendl
gessen, in wellichem ain Gluf gestückht[*], so ir schon in Halß hin-
abkommen; aber durch Firpit der S. Mueter Anna wiederumben
heraufgebracht; Gott und der S. Mueter Anna sey ebiger Lob-
gesankh.

St. Annakapelle bei Marling – *) eine Stecknadel steckte

Ruhe sanft, du hast getragen
Hitze, Kälte, Tageslast.
Ruhe nach so vielen Plagen,
auf die Arbeit folgt die Rast.
Nimm nun hin den Lohn
dort in froher Ewigkeit,
den Gott der Herr
seinem Diener hält bereit.

am Grabkreuz eines Kutschers in Meran

An Berg und Feld hat er geschafft,
bis ihn der Tod dahingerafft.

auf den Ökonomen J. K., gest. in Meran am 28. Juli 1878

Ait mier – morgen dier. 17 Alldo 05 ligg pogroben den err cistian
lochmon. primo April Balneferin.

Heute mir, morgen dir 1705. Allda liegt begraben der Herr
Christian Lachmann. 1. April. Walnöferin; Arbeit eines
wahrscheinlich welschen Steinmetzen – Friedhof zu Marling
bei Meran

Hier ligt Katharina Geizkoflerin,
hat zehn Kinder geboren,
die haben ihre Mutter zu früh verlohren.
den Suinen*) viel Gutes geton,
dafür geb ihr Gott den ewige Lohn,
das wünscht Wilhelm Hohenhauser, ihr Ehmon.

Untermais bei Meran (1619) – *) Seinen, d. h. den Ihrigen

Dieser Ort ist erschröcklich,
hier ist das Hauß Gottes
und die Porten des Himmels.
Gen[esis] 28. cap.

Kapelle in Moos im Passeier

Herr und Knecht, arm und reich,
werden allda all gleich.

am Friedhof zu Mühlbach

Weg von der Mühle an der Platt'
trat ich in Dienst der Leichen.
Ich fütterte den Tod nun, satt
in Hoffnung durchzuschleichen.
Er aber sprach: Nein, was nur lebt,
muß meine Beute sein:
Wer andern eine Grube gräbt,
fällt endlich selbst hinein.

Grab des Josef Götsch, † 1804, vordem Plattmühler, später Totengräber zu Partschins

Was will das Kreuz, das hier am Wege steht? – Dem Wandrer, der vorübergeht, das große Wort, die Mahnung sagen: Du solst dein Kreuz dem Herrn nachtragen.

Ein Grabkreuz in dem Zustand, wie es von Meister Hans Guggenberger übernommen wurde; daneben ein Kreuz nach der aufwendigen, aber gelungenen Restaurierung.

Details aus der Sammlung Guggenberger; sie zeigen einerseits die Sorgfalt, mit der die Kreuzbilder angefertigt wurden, zum anderen das Bemühen um ihre Erhaltung.

89

Stehe hier still, oh Wandersmann,
schaue, wie die Seelen missen schwitzen.
Sei vorsichtig mit jedermann,
sonst kannst du auch missen schwitzen.
Wirf auf mich her einen Blück,
für mich ein Vaterunser betet,
ich fergelte es zurück.

Passeier am Weg St. Martin-Breiteben

Der Tod ist ein schlauer Dieb,
das haben erfahren wir,
wir waren frisch und gesund
und todt in einer Stund.

Passeier zwischen Moos und Pfelders

Hier starb Martin Rausch.
Die Lawine traf ihn halt
auf den Leib und macht ihn kalt.
Auch der Jörg, der war darunter,
aber heut noch ist gesund er.

Passeier

Hier liege ich, den einst Bauchmuch
genennet hat der gemeine Spruch.
Im Leben gab der Rebensaft
mir immer viel Freud und Kraft.
Nun, Christen! Spritzt halt Weihbrunn zu
für meiner armen Seele Ruh!
Doch, ach!, verzeih es, lieber Gott,
was ich bekennen muß noch todt:
Viel besser ist ein Tropfen Wein
als Weihbrunn, und sollts ein Fuder sein.

Grab des Michael Ladurner in Partschins

Hier ruht Herr Tobias Mair, bürgerl[icher] Metzgermeister, und
seine noch lebende Gattin.

Percha im Pustertal

O Mensch, bedenk die Ewigkeit
und laß den Opferstock unkeit[*].

Pustertal – [*] unbeschädigt

Heindt an mier,
morgen an dier.

am Ritten; heute Museumsfriedhof Kramsach

Steh still, Sünder, schau mich an,
das haben mir deine Sünden gethan.

Wegkreuz am Ritten

N. N. liegt hier. Sie stürzte in eine Heugabel und fand darin ihr
Grab.

Sand in Taufers

Hier starb Maria Weigl,
Mutter und Nähterin[*] von zwei Kindern.

ein schwer beladener Wagen überrollt eine Frau; am Weg
nach Salthaus in Passeier – [*] Soll wohl Nährerin heißen

Durch einen Ochsenstoß
kam ich in des Himmels Schooß.
Mußte ich auch gleich erblassen
und Weib und Kind verlassen,
kam ich doch zur ewigen Ruh'
durch dich, du Rindvieh, du.
Kaspar Werndli.

ein feuerfarbiger Ochse mit hochgehobenem Schweif und
gesenkten Hörnern schickt sich an, den Leib einer krei-
deweißen Gestalt, die sich dicht an die Felswand drückt,
zu durchbohren; am Weg nach Salthaus im Passeier

Hier liegt der ehrsame Jüngling Kaserer, welcher im 75sten Jahre
seines Alters gestorben ist.

Schnals; heute Museumsfriedhof Kramsach

Wir bitten euch durch Jesu Wunden,
helft uns doch aus dieser Pein!
Wann wir haben Gnad gefunden,
werden wir euch gewiß dankbar sein.
Ach, ist denn niemand aus euch allen,
der uns Armen helfen will
und uns retten aus den Qualen,

aus den [!] heißen Flammenspiel?
Helfet uns doch, ihr Bekannten,
erzeugt uns eure Gunst,
Helfet, helft uns, ihr Verwandten,
und rettet uns aus dieser Prunst.

Armeseelenbild in der Totenrast von St. Justina bei Bozen

Hier liegt unter allerhand
auch Peter Violand,
er war im Leben welcher
im bürgerlichen Leben Selcher.
Er lebte in Furcht und Zucht
und starb an der Wassersucht.

Sterzing; heute Museumsfriedhof Kramsach

Bis daher und nicht weiter
kamen die feindlichen Reiter. 1797.

zur Erinnerung an den Rückzug der Franzosen unter
Joubert im Jahre 1797; Kapelle bei Sterzing

Nach stundenlangen Lungenkrämpfen,
nach derben +weh[*] und heißen Kämpfen
erschihn in später Abend-Stunde
ein kleines Vögelein
und trillerte die Todeskunde
den [!] Stefan, einen braven Mann,
den [!] Kaiser treuen Fetteran.

Grab des Stefan Waldner zu Sterzing – [*] Kreuzweh

Unglücklicher Fall, welcher geschehen am Sonntag nachts nach
Maria Himmelfahrt im Jahr 1849, ist Martin Führer, geweßter
Schmied, an der Wegscheide in Bach gefallen, ohne Menschen-
hilfe um sein Leben gekommen.

bei Taufers zwischen Luttach und Weißenbach

Hie ligt begraben der wol erwirdig edl[e] geistlich hochgelert
Herr Georg Podner, gewester Pfarrherr in Taufers, ein sonder-
warer Liebhaber unser Frauen und auch ein Guethater dieses
wirdigen Gottshaus etc. 18. Febr[uar] 1655.

Pfarrkirche in Taufers

Bei diesem schönen Kreuz spielt der Spruch eine untergeordnete Rolle; im Vordergrund steht mit Recht die Arbeit des Handwerkermeisters.

Auch dieses Kreuz ist das Werk eines – leider unbekannten – Meisters; auch die Tafel will beachtet sein, da sie ein Beispiel für viele ist: der kurze, knappe Text gibt Informationen, die zu deuten aber – weitgehend – der Phantasie des Betrachters überlassen ist.

Es ruhen
Vitus Pichler
und seine 3 Weiber

Wohin, mein lieber Wandersmann?
Steh still und halt ein wenig an,
betrachte da mein schwäres Kreuz,
dann gehe hin und mach deine Reiß.

Kapelle bei der Schloßbrücke in Taufers

Die ihr diesen Weg betretet,
werft auf uns her einen Blick,
für uns ein Vaterunser bettet,
wir vergelten es zurück.

an einem Kreuz bei Ums

Erbarmet euch unser, ihr
wenigstens, Freunde.

Vagen bei Bozen

Heilige Sankt Magdalena,
du zuckersüßes Minkele*),
mach unsere Kirschen roth,
sparen wir den Bauern das Brod.

Villnöß unter einem Bild der Hl. Magdalena – *) Kosewort

Da oben hinein ober das Miglanzer Feld waren
die Miglanzer Knechte 1853 den 15. Oktober Holz
abzuhacken, der Mitterknecht Anton Pramstrahler war
um 10 Uhr etwas entfernt von die andern und wurde
zum Mittag gerufen, gab aber nicht Antwort und wurde
tod gefunden.
Die Meinung ist, seitwers getrofen worden zu sein
vom Baumstamm.
Gott, deine Güte reicht soweit,
so weit die Wolken gehen.
Geh vorbei, wer immer woll,
einen Vatter unser behten soll.

beim Hof Miglans im Villnößtal

Frommes Andenken an den tugendsamen Junggesell Andrä
Pichler, Petermeßsohn von Völs, welcher den 24. 3.1846 im 31.

Jahr seines Alters an der Straße von einem Stein erschlagen und
in die Freude seines Vaters eingieng.

Völs im Eisacktal

Ein jeden, der vorübergeht,
bitten wir von Herzen:
Ach, schenket uns doch ein Gebeth,
zu lindern unsre Schmerzen.

an einem Kreuz bei Völs

Alhero eilt, kommt lauft zusamm,
es brint, es brent, ach, löscht die Flamm!
Restauratum 1725.

Armseelen-Bild in Völs

O Pein, o Qual, o Schmerzen Ort!
O helfet uns zur Himmelspfort,
o denkt an uns in dem Gebet,
die ihr da vorübergeht.

Armeseelen-Bild in Völs

Wann dich der Toth getroffen hat,
aldann khumst mit der Buess zu spat.

Totenkapelle in Völs

Unumbgänglich ist das Sterben,
alle werden Todtes Erben,
ich und du, ja, all zugleich
ghören in des Tottes Reich.

Totenkapelle Völs

Der Toth, zum Gricht der Eingang ist,
gib acht, ob du bereitet bist.

Totenkapelle Völs

In Glickh, o Mentsch, iber nimb dich nit,
in Unglickh verzage nit,
Gott ist ein solicher Man,
der Glickh und Unglick wenden khan.

Totenkapelle Völs

Betracht das Endt und ienes Feur,
wo man die Sindt*) bezallet theur.
Totenkapelle Völs – *) Sünde

Ewig rueht in Liecht und Friden,
die ihr in Gott seit abgeschiden.
Totenkapelle Völs

Die Ewigkeit erwartet dich,
behuetsamb löb, dich wohl versich.
Totenkapelle Völs

Der Himbel ist ja alles werth,
Ein Dunst nur ist, was gibt die Erdt.
Totenkapelle Völs

Durch wahre Buess, iez hast noch Zeit,
ein Christ zum Toth dich wol bereit.
Totenkapelle Völs

Der Mentsch lebt so dahien
und nimt si nicht innacht*),
Das jehter Augenblük
sein Lewen kirzer macht.
bei Vöran – *) in acht

Bayern

Mich, eine Fuhrmännin von Geschlecht,
hat der Tod umbg'worffen –
nimm dich nit Wunder – mein Fuhrknecht
war blind, das Grab war offen,
darein bin ich gefallen,
darin lig ich noch.
Thu doch den Himmel hoffen! 1671
Bad Aibling

Der Tod dreht am Lebensrad – mit 40 geht's bergab, mit 80 geht's ins Grab. Unten zwei weitere Beispiele aus dem Museumsfriedhof Kramsach.

Mein Kind, das war ein Rosenknopf,
wollt' eine Rosen werden,
da kam der Tod und roch daran,
da war's nicht mehr auf Erden.
    Leichenbrett im Bayrischen Wald

Gatte, Kinder, weinet nicht,
ich hab ausgelitten.
Sterben, das ist Menschenpflicht,
ach, da hilft kein bitten!
Lebet wohl, beim Auferstehen
werden wir uns wiedersehen.
    Leichenbrett im Bayrischen Wald

Im letzten Jahr, da starb mein Mann,
wie that ich ihn bewein',
und jetz, ach, starb mein einzigs Kind –
nun bin ich ganz allein!
    Leichenbrett im Bayrischen Wald

Hör, lieber Christ, geh nicht vorbei,
bett mir 1 Vater unser – oder auch 2,
bedenke, es vergelts dirs Gott!
Dieß ist an dich mein letzt Geboth.
Und zum Schluß, gieb ich dir den Gruß:
Gelobt sei Jesus Christus.
    Leichenbrett im Bayrischen Wald

Denket meiner im Gebet,
sprecht an meiner Grabesstätt:
Mutter ruh' in Frieden hier,
und der Himmel leuchte dir.
    Leichenbrett im Bayrischen Wald

Ob die ganze Welt dich nennt
oder blos dein Nachbar kennt,
ob du arm bist oder reich,
ob du roth bist oder bleich,
dieses ist zuletzt ganz gleich.

Jeder Mensch auf Erden
muß zu Staube werden.

Leichenbrett im Bayrischen Wald

Ich lieg im Grab und muß verwesen,
was du jetzt bist, bin ich gewesen!
Was ich jetzt bin, das wirst auch du! –
Drum steh und bett für meine Ruh.

Leichenbrett im Bayrischen Wald

Du unerbittlig grausamer Tot,
was machst du uns vir Schmertz und Not.
Ach, könnten wir ganz in Schmerz zerfließen!
Die gute Mutter hast du uns entrißen.
Da sank, die uns so liebete, hinab
auf ewig in das kille Grab.

Leichenbrett im Bayrischen Wald

Hier in dieser Gruben
liegen zwei Müllerbuben,
geboren am Chiemsee,
gestorben an Bauchweh.

im Chiemgau; heute Museumsfriedhof Kramsach

Hier ruht in Gott N. N.
26 Jahr lebte er als Mensch
und 37 Jahre als Ehemann.

Chiemsee/Herreninsel; heute Museumsfriedhof Kramsach

Hier liegt ein junges Oechselein,
des alten Ochsen Söhnelein.
Der liebe Gott hat nicht gewollt,
daß er ein Ochse werden sollt.
Drum nahm er ihn aus dieser Welt
zu sich ins frohe Himmels-Zelt.
Der alte Ochs hat mit Bedacht
den Sarg und Grab und Sohn gemacht.

*Grabschrift auf den Sohn des Schreiners Ochs in Eschlkam
im Bayrischen Wald*

Hir leiget und schwiget | Maria Dieudone | was sy | welche sonst stimmte, | agirte und singte | auf der Comedi. | Comedi abdanckte, | Tragödi angangte | den 21. Juni anno 1747. | Bey 70 Jahr alt | in Tod sie erkalt | in Tugend verahrte | all ihrigs Ersparte | fur Kirchen und Armen | drum Gott thats erbarmen | vom Leiden auflöste, | in Himmel versetzte | in ewige Ruh | Viator, ders lisest | sprechs Amen darzu.

Frankental

Hier liegt Johannes Weindl,
er lebte wie ein Schweindl,
gsoffen hat er wia a Kuh,
der Herr geb ihm die ewige Ruh.

Laberweinting bei Geiselhöring; heute Museumsfriedhof

Weich ab, o Todt, du kommst zu spat,
dich Viktor überwunden hat,
indem er auch nach seinem Todt
zur Cron der Tugendt lebt bey Gott.
Sein Stamm ihn zwar ein Mandl nennet,
die Tugend doch ein Mann erkennet.

um 1650. Grabstein des Viktor Mandl an der Franziskaner-
kirche in Landshut

Steuern hab ich eingenommen,
in den Himmel bin ich kommen
allsogleich nach meinem Tod.
Kaspar Fischer, Rentamtsboth

Lichering

Allhier ruhet der in Gott selig verschidene Herr Franciscus Mosel, welcher des alhiesigen Raths Mitglied, wess auch durch etlich zwanzig Jahr Kirchen-Probst gewesen; ... Ein großer Schizens-Freund, auch deren Meister gewesen, mußte er doch endlichen selbst im 71sten Jahr seines Alters dem grausamen Todt zu einer Zihl-Scheiben dienen, welcher ihn auch den 19ten 9bris im Jahr unsers Heyls 1771 auf das Centrum getroffen und hirmit den Pöller seines Lebens abgebrannt hat. Der Allmächtige Belohner alles Guten gebe ihm die Kron der ewigen Freuden,

Die Tiroler sind trotz aller Unkenrufe noch immer ein gläubiges Volk. Die vielen, mit Sorgfalt und Eifer erhaltenen, aber auch viele neu errichtete Kapellen geben davon Zeugnis. Kellerkapelle (rechts), Bergkirche Kolsassberg (unten), Hagauer Kapelle (ganz unten).

welche sich dieser mitleidige Samaritan durch seine Tugend, Frömmigkeit und große Allmosen unverwelcklich geflochten hat.

Grabstein an der Loosdorfer Kirchenmauer (Oberdonau)

Glück und Unglück,
beides trag in Ruh.
Alles geht vorüber –
und auch Du. –

Marienklause im Isartal

Hir ligt begraben der edl und vest Colman Minch zu Minchhausen, fürstlicher gewester Rath und Küchenmaister zu München und Pfleger zu Auxburg, der verschieden ist am 24. May im 1557., seines Alters im 69. d[urch] G[ottes] G[nade]; confidete ego vinci mundum; seit getrost, ich hab die Welt überwunden.
Alhier liegt auch begraben Regina Wegland, des edl und besten Hansen Minch zu Minchausen, salzburgerischen fürstlich Raths eliche Tochter, die den 21. Novembers im 1557., irs Alters im 7. Jar gestorben d[urch] G[ottes] G[nade]

Oberaudorf

Daß die Welt ein Kreuz-
weg ist, hab ich selbst erfahren,
weil ich so viel hab leiden
müssen in meinen jungen
Jahren. R. I. P.

Oberaudorf

Unser Kind, das war ein Rosenknopf.
Wolltest eine Rose werden,
da Gott es aber lieber hat,
nahm er es von der Erden.

Oberaudorf

Kurz mein Leben,
groß die Freud,
die ich genieße

in Ewigkeit.
Wer hätt's vermeint,
daß ich so bald
von dieser Welt
sollt scheiden,
War noch so jung
und mußte schon
das Leben meiden,
Doch ein Trost für mich,
daß ich, rein von Sünde,
den Himmel offen finde.
Friede Gottes, schweb' hernieder,
einst erstehen die Toden wieder.

Oberaudorf

Hier ruhet der Brauersepp,
Gott Gnad' für Recht ihm geb'!
Denn viele hat, was er gemacht,
frühzeitig in das Grab gebracht.
Da liegt er nun, der Bierverhunzer,
Bet', o Christ, fünf Vaterunser.

Oberbayern

Hier ist ein Platz der Trauer!
Josef Linner, Hilzenbauer,
erlitt hier böses Weh,
er stürzte in den See.
Er hat mit allzu vieler Gier,
solange übern Durst getrunken
das helle und das dunkle Bier,
bis unters Wasser er gesunken.

Oberbayern

Du fragest, wer loschiert da drin?
Es ist die Anna Schnitzelin.
Sie lag mit 45 Jahr
grad zu Martini auf der Bahr.
Sie war von allen Lastern frei

und trieb sehr stark die Gärtnerei,
sie hat gebaut viel Rubn und Rettig.
Gott sei der armen Seele gnädig.
Regensburg

Sebastian Burker, Kanonier im 4. Artillerie-Regiment,
geb[oren am] 17. Mai 1848, † 23. März 1871.
Ein braver Soldat ist er gewesen,
bei siebthalb Schuach hat er gemessen,
er zog für König und Vaterland
hinein mit ins Franzosenland.
Da haben die feindlichen Granaten
zerrissen ihm Schienbein und die Waden,
einen Fuß, den muß er in Frankreich lassen,
und hier dann ganz zu Tod erblassen.
O heiligste Dreifaltigkeit,
mach ihm den Himmelsweg nicht weit;
mit einem Fuß an seiner Krücken
kann er die Straß nur langsam hinken,
und heißt es einmal auferstehen,
schenk' ihm den andern Fuß zum Gehen,
damit er bei der Parade droben
dich recht kann mit zwei Füssen loben.
Schongau

Hier ruht Paul Trintz.
Die Hirnentzündung
nahm also bei ihm überhand,
daß doch am Ende die Verbindung
der Seele mit dem Leib entschwand.
Tutzing

Allhir liegen 3 Person,
Vatter, Vatter Sohn, Sohn.
Vilsbiburg in Niederbayern

Der Mentsch Lebt so
dahien
Und Nimt si nicht innacht,
Das Jetter Augenblük
Sein Leben Kürzer
Macht.

Da liegt er
im tiefen Loch,
Wenn man mich fragt
um die Hasen
die ich jagte,
sie leben
alle noch!

Salzburg

Hier, in des Hochwassers krausiger Fluth,
mußt opfern Vierthaler seinen Muth.
Als wirdiger Vorsteher der Gemeinde
wollt retten Filzmoos vor dem nassen Feinde,
da stürzte die Brücke zu seinen Füßen ein
und zog ihn tief ins Wasser nein.
Und zwischen Holz und Steinen eingeklemmt,
wird er vom Wasser furtgeschwemmt.
Kein Freund konnt rasch ihm Hilfe bringen,
für ihn droben schon die Englein singen,
denn Gottes Wunsch und höhere Macht,
ihn von der Welt abgrufen hat.
Doch für sein Nächstenliebewerk
ist er im Himmel eingekehrt.
Jakob Vierthaler, † 11. Dez[ember] 1865.

bei Filzmoos

In diesem engen stillen Haus
ruht er von den Geschäften aus.

Hallein

Hier liegt der Förster Rupert Huss,
er starb an einem Büchsenschuß,
der auf der Jagd von ohngefähr
ihn hat getroffen folgenschwer.
Zum Glück konnt man ihn noch versehn:
Gott, laß ihn fröhlich auferstehn!
Ich nannt' ihn oben Rupert Huß
um hinzuweisen auf den Schuß,
doch hieß er in der That Franz Leim,
das aber paßte nicht zum Reim.
Was hätt' ich mit dem Leim gemacht,
wie hätt' den Schuß ich angebracht,
an dem er doch verschieden ist
als Jägersmann und guter Christ?

Oberalm bei Hallein

Heindt an mier,
morgen an dier.
Totenkapelle in Lengmoos

Hier lieg ich im Rosengarten
und thu auf Vater und Mutter warten.
Kindergrab im Lungau

Da auf dieser Höhe bin ich erfroren,
ein Jüngling mid 12 Jahren,
Andreas Gruber mein Nahm,
geboren von Bauernstamm.
Alle, die da voröbergehen,
gedenket mein,
schenket ein Vaterunserlein.
Im Jahre 1879, den 21. Juli.
auf dem Gipfel des Preber im Lungau

Hier lieg ich im kühlen Grab.
Wenn kümmert das?
Ich werd schon aufstehn, wenns mich freut,
zur ewigen Glückseligkeit.
Jägergrab im Pinzgau; heute Museumsfriedhof Kramsach

Du Freund, es wird dein Ende kommen,
doch weißt du nicht wo, wann und wie,
Vielleicht wirst du der Welt entnommen,
heut' Abend oder morgen früh,
vielleicht ist auch dein Ziel bestimmt,
eh' diese Stund' ein Ende nimmt.
Leichenbrett im Pinzgau

Gott, erheb auf Hoffnungs Schwingen
uns im Geist zu deinen Höhn,
bis auch wir das Ziel erringen
und die Theure wiedersehn. 1872.
Leichenbrett an einem Pinzgauer Stadel

Wolfgang Wisenecker war er genannt,
an allen Orten wohlbekannt.

Geboren in der Grafschaft Tyrol,
Kärnthen hat ihn erzogen wohl.
Im Ertzstift hat er bezahlt
die Schuld der Natur, als er war alt
70 und 1 Jahr fürwahr.
Hat Wirthschaft gehalten 25 Jahr
an den Tauern mit Treu und Fleiß,
daraus ihm ward Lob, Ehr' und Preis.
Den letzten December er allda begraben war
nach Christi Geburth im 1582. Jar.

Radstädter Tauern

Wanderer, stehe still, betrachte
die Zergänglichkeit,
bette vor die Abgeleibte
und folge ihr nach.

Maria-Zell-Kapelle, Salzburg

Grob ist dieser Stein,
noch gröber war Defunctus:
Leser! Polier dich fein,
sonst wirst du sein Adjunctus.

Salzburg

Hier liegt begraben:
Casper Balthasar Melcher,
im Leben Metzgerknecht gewesen ist welcher.

St. Peter in Salzburg; heute Museumsfriedhof Kramsach

Der ewig Richter sitzt
und fordert zu Gericht,
wo der Gerechte schwitzt,
warumb der Sünder nicht?
So helfe mir denn Gott
versöhnen in der Noth.
Also ruefet von der Erden
zu denen, die aus Erden kommen
1675 Franz Thadeus Kleinmayr,
Urbarrichter zu St. Peter

Salzburg

Der Tod
mit seinen Knochen,
hat den
Johann Stembo
erstochen.

Ich war ein Reitter auf disser Erd,
hab manches Pferd beritten,
bis mich auf seinem dürren Pferd
der bleiche Tod erritten,
der mir vom Reitten z'lassen ab,
befalch vom Pferd abstehen
und undter d' Erd in disses Grab
alters Weeg zu gehen. 1693

Grabstein des hochfürstlichen Oberbereiters Gestütmeister
Pruggmosser auf dem St. Peters-Friedhof zu Salzburg

Hier liegt ein armes Sündenaas,
daß seine Sünden in sich fraß
gleich wie den Rost die Zwiebel.
Ach, nimm mich Sündenhund beim Ohr,
wirf mir den Gnadenknochen vor
und laß mich Sündenlümmel
in Deinen Gnadenhimmel!

Salzburg

Hier ruht der alte Schuvanek,
im Kriege sanft, im Frieden keck.
Er war ein Engel diesseits schon
und G'freiter im Jaeger-Bataillon.

im Salzburgischen

Hier hinter Friedhofsgittern,
da ruht ein morsches Haus,
das trank gar manchen bittern
Kelch des Leidens aus.

im Salzburgischen auf dem Grab eines alten Invaliden

Hier ruht in Gott
der verstorbene St. Gilgner Both.
Sei ihm gnädig, o Herr,
so wie er's auch wär',
wenn er wär' Gott
und du der St. Gilgner Both.

St. Gilgen

110

O Gott, was wird das werden,
wenn Erden in Erden gelegt wird werden?
Und Erden mit Erden bedeckt wird werden?
Und hat Erden auf Erden nichts guts gethan,
wie wird vor Gott d' Erden bestehen alsdann?

Stuhlfelden im Oberpinzgau

ChrIstVs VersChafte
Vns DVrCh seInen toD
DIe aVferstehVng.

Chronogramm 1833 – Totenkapelle in Tamsberg im Lungau

Hier liegt der Bote Michel,
Er fiel mit seiner Kraxen,
Brach sich die beiden Haxen,
Die wurden amputirt,
Das hat ihn sehr schenirt
Dann kam der Brand hinzu!
Gott schenk ihm die ewige Ruh!

in den Tauern

Drei saßen hier vor dem Ungewitter in der Sicherheit:
Einer lebt, die Andern zwei sind in der Ewigkeit.

Walchensee

Wer da?
Berti, ein Soldat von Waffen
Berümbt zu See und Land
Liegt in Frieden hier entschlaffen
Quitirend seinen Stand.
Der lebend ist nicht gewichen:
Stund beherzt vor manchen Feind,
Rufft nunmehro todt verblichen:
Verlast mich nit Gut Freund!

Also bittet um trostenreichen Seelen-Succurs der Hoch-Edlge-
bohrne Herr Frany de Berti, Hochfürstl. Salzburg. bestellter
Hauptmann, Welcher seines Alters im 70. Jahr den 3. April 1696
alles Zeitliche abandonirt und allda das Hauptquartier in sanfter
Ruhe bezogen.

Werfen

Ich als treuer Hirtenknab'
stieg die Berge auf und ab;
gesucht ha' ich die Schafe hier
und fand mein frühes Grab dafür.

1887 – Zederhaus im Lungau

Vorarlberg

Mich, Graf Wilhelm von Montfort,
behüte Gott hier und dort. Amen.

Wandgemälde der Martinskapelle in Bludenz

… in einer halben Stunde
krank, todt und gesunde.

Bregenzer Wald

Hier ruht Josef Matt,
der sich zu Tod gesoffen hat,
Herr, gib ihm die ewige Ruh'
und ein Gläsle Schnaps dazu.

Feldkirch; heute Museumsfriedhof Kramsach

Christian Brendle
ist da, auf dieser Stell,
am 24. Mai 1864 in die Ewigkeit. –
So wollen wir einnes bedenken,
ihm ein Vaterunser schenken,
und wan er kommt aus der Pein,
so ist das Vaterunser wieder dein.
Herr! Gib ihm die ewige Ruh.

Schellenberg bei Feldkirch

Hier an der Ill,
o Wanderer, steh still
und betracht' des Todes End und Ziel.
Der lieben Eltern volles Hoffen
ist hier in der Ill ersoffen.

Andenken an den 6jähr[igen] Joh[ann] Ant[on] Zugg

bei Gallenkirch im Montafon

112

Hier liegt Franz X. Amman, der der italienischen, französischen
und englischen Sprache vollständig mächtig war.

Göfis

Hier ruht Andreas Wohlgemuth,
der auf sein Weib und Kinder thut
warten,
hier in diesem Rosengarten.

Friedhof zu Nenzing

Hier liegt J. M., beider Gerichte Weibels ehr- und tugentsame
Hausfraw, gest[orben am] 3. M[ärz?, Mai?] 1770, nachdem sie zuvor ihre 14 ehelichen Kinder in die Ewigkeit geschickt hatte.

Rankweil (Fridolingang)

62 Jahr. Von ohngefahr würkt sie[*)] am Lebensfaden, im Augenblick da heißts: abzwickt! Sie mußt' in Todtenladen. Im Kalender
der November schier den 12. hat vollbracht, als d' Abendstund
auf 8 Uhr stund, sagt sie: Welt ade, gut Nacht.

Rankweil – [*)] Anna Künzle

Du hast vollbracht; in deine Kammer
dringt keine Lebensplage mehr,
es bleibt zurück der stille Jammer,
und Gottes Frieden weht umher.
Geendet ist der Pilgerpfad.
Wohl dem, der überwunden hat.

an der Kirche in Viktorsberg

Kärnten

Meine Eltern schücken mich in
ew'gen Rosengarten,
wo ich zuerst soll auf meine
Freundschaft[*)] warten,
bis der Posaunen Thon uns rufen
wird mit Nam,

dann führ uns Gott freudenvoll
ewig bei ihm zusam.
Was Knospe war auf Erden,
läßt Gott dort Blume werden.

Friesach – ') Verwandtschaft

Als Jüngling zog's mit heitrem Sinn
mich nach den höchsten Alpen hin;
jetzt pfleg ich, da die Kräfte fliehen,
schon niedere Berge vorzuziehen.
Es währt vielleicht indessen lange nicht,
daß mir's auch hier an Kraft gebricht,
und mir auf meinen Wanderzügen
ein kleiner Hügel wird genügen.

Friedhof in Grades im Metnitztal

Eine von diesen Ziffern
wird dich zum Grabe liffern.

Sonnenuhr bei Heiligenblut; heute Museumsfriedhof

Hier ruhet Vitus Pichler
und seine 3 Weiber.

Heiligenblut; heute Museumsfriedhof Kramsach

Hier ruht Peter Funder,
der Krapffelder größtes Wunder,
gredt hat er viel, glogen noch mehr,
es schenk ihm die ewige Ruh der Herr.

Krapffeld

Hier ruhet der ehrsame Johann Missegger, auf der Hirschjagd
durch einen unvorsichtigen Schuß erschossen aus aufrichtiger
Freundschaft von seinem Schwager Anton Steger.

Lavanttal

Hier ruht Martin Fercher unverdrossen,
hat 72 Bären geschossen
und dabei sein Leben beschlossen.

Friedhof in Paternion

Was die Erde gab, begehrt sie wieder,
und was Staub gewesen, wird zu Staub,
doch die Seele stieg vom Himmel nieder,
wohl der Gottheit, keines Todes Raub.
Unsere Thränen fallen auf den Hügel,
der geliebte Ueberreste deckt,
doch des Glaubens goldbeschwingter Flügel
trägt uns aufwärts, wo kein Grab mehr schreckt.

Velden

Unter diesem Stein
liegen die Gebein
einer Mutter, die ihr Leben
für das Kind hat hergegeben.
Es liegt nemblich hierin
Frau Margaretha Fischerin,
geborne Wengerin,
geweste Pflegerin
der Freiherrschaft Landskron.
Gott ewig ihrer Seel verschon.
Bei Margaretha Fischerin
liegt auch Johann Fischer drin;
die Ehe wurde durch das Leben endt,
die Liebe aber ungetrennt.
Dann beede hier die Ruh genießen,
bis sie bei Gericht erscheinen müssen.
Zum Zeichen ihrer Treu
grad Nachmittag um drei
gestorben alle zwei.
Gott ihnen gnädig sei,
welcher zwölf drei viertel Jahr
bei der Herrschaft Landskron Pfleger war.

St. Ruprecht bei Villach

Steiermark

Hier wurde mit Patrone, Modell achtzehnhundertacht,
Herr Anton Geyer beinahe umgebracht;
drum hörst du Schüsse und siehst rothe Fahnen,
so laß zum schnellen Laufen dich nicht weiter mahnen.

Steinbruch bei Bruck an der Leitha

Ihr Freund, wenn ihr's gut meint,
ach, eilt und helft mir Armen,
eine lange Zeit ich hier schon leid,
ach, thut euch doch erbarmen.
In strenger Hiez
in Feuer ich sitz
und warth auf euch mit Schmerzen
um ein Vater Unser und Efa Maria.

Armeseelenbild bei Bruck an der Leitha

Hin geht die Zeit, her kommt der Tod,
Mensch, gedenk, thu recht und fürchte Gott.

Grabstein des Pfarrers Golly, gest. am 29. Juli 1578 –
Buschelsdorf/Oststeiermark

Bergauf, bergab steigen und fallen
der Menschen Schicksale. 1812.

Bildstock am Weg zum Christispitz in der Obersteiermark

Hier unter diesem Leichenstein
ging dieser Mann zur Prüfung ein,
er wartet auf die ewige Ruh',
er drückt' erst ein, dann beide Augen zu.

St. Leonhard-Friedhof in Graz

Dieses Kreuz ist aufgericht'
zu Ehren des Herrn Jesu Christ,
der für uns gekreuzigt ist
von den Bauern dieser Gemeinde.

bei Mitterndorf

Der grimmig Todt mit szeinen Pfeil
thut nach den Leben zihlen,
szein Bogen schüest er ab in Eyll
und last mit sich nicht spiehlen.
Es komt zur Reisz, der kalte Schweis
zum Herzen hat betrungen.
Das Angesicht erbleicht, zerbricht,
erstarren will die Zungen.
Trost, Hilf und Rath komt an zu spath.
Mit angewendten Mittlen
der Doktor weicht von der Bettstath,
fangt an, den Kopf zu schüttlen.
Man hilfft dir halt, sovill in Gwalt,
gibt dir in d'Hand ein Kerzen,
der weint, der lacht, dein Scheiden macht
dem Freud, dem andern Schmerzen.
Disz ist die Stund, an dero Grund
die Seeligkeit thut hangen.
Darum fein frueh richt dich darzue,
so wirst du szie erlangen. 1760.

> an der Kirche in Murau

Morgens roth, abents tott.
Heut' an mier, morg'n an dier.
Wilst, das man bett für dich,
so bitte jetzt für mich. 1680.

> Grabstein an der Kirche in Murau

Am 2. März 1854 sind hier von einer Schneelahn erschlagen worden 10 Leut und 5 Böhm.

> Präbichl

Zum Angedenken an den Joseph Fischbacher, welcher hier in diesen Wasserfluthen sein Leben geendet hat.
Des Menschen Loos ist hier verschieden,
den Tod entgeht doch nichts hiniden,
den Ort und Zeit hat Gott bereit;
in Wasserfluthen und auf der Gassen,

im hohen Birg und auf der Straßen
geht mancher in die Ewigkeit. Den 29. Mai 1855.

Untertal bei Schladming

Oberösterreich

Ach, Gott, wer hätte das gedacht,
daß ich todt würd' nach Haus gebracht,
daß ich nehmen müßt ein so entsetzlich End'?
Bin herabgefallen von der Wänd.
Mein Tod war so entsetzenvoll,
daß man es gar nicht glauben soll.
Drum, Christenmensch, sei allzeit bereit
zum Eingang in die Ewigkeit.

bei Gosau

Beglückt, wer in der Welt
so seine Rolle spielt,
daß, wenn der Vorhang fällt,
er keine Reue fühlt.

an einer Kapelle bei Saas unweit Steyr

Höre, der da lest,
frage nit, wer ich gewest.
Hab zwai geborn In Das Leben,
aber Das VerLoren, was ICh geben,
EIn große SIInDerIn.
Doch denk an mich,
und ich an dich,
hie zeitlich und dort ewiglich.

Chronogramm (1711) an der Stadtpfarrkirche Wels

Gegrüßt seist du, o Königin,
des Himmels und der Erde Herrscherin,
aus deiner Wurzel Gnadenthor
gieng das Licht der Welt hervor.

Kapelle am Schloß in Wels

118

Hier verunklückte Isidor Baur.
Er verunklückte an einem Wasserfal[*)].
Windischgarsten – *) Sturz ins Wasser

Niederösterreich / Wien

Gränze von Zeit
zur Ewigkeit.
> über der Friedhofspforte zu Gmünd

Hir ligt der Vater und der Sohn,
ein alter und ein junger,
der Tod schaut die Persohn nicht an
und sorgt nur für seinen Hunger.
Bald schlickt er ein Jung in sich,
bald frißt er einen Greysen,
o Sterblicher, so lasse dich
doch einmal unterweisen.
> an der Kirche von Pottenstein (1783)

Hier liegt ein Invalide todt,
er starb an schlechtem Commisbrod.
Willst wissen, wo er gewesen?
Beim Fuhrwesen.
> Wien

Übriges Ausland

Hier liegt Andreas Hut,
der auf Weib und Kinder warten thut.
Ort unbekannt

Hier liegt ein junges Oechselein,
vom Tischler Ochs das Söhnelein,
der Herr hat es nicht gewollt,
daß ein Ochs es werden sollt.
Ort unbekannt

Hie liegt mein Weib Anne,
bei Lebzeit hat sie die Küchl
verbrennt in der Pfanne,
sie lebte in Tugend und Zucht
und starb plötzlich an der Wassersucht.
Ort unbekannt

Hier liegt Matheus Ros,
ein Mann von Handlung groß,
36 Jahre lebte er,
bis der Tod sagt: Matheus, komm her,
Nr. 39 in der Stadt,
wo er seine letzte Nacht hat.
Bischoflack/Krain

Der Tod mit seinen Knochen
hat den Johann Stembo erstochen.
Bischoflack /Krain; heute Museumsfriedhof Kramsach

Hier in diesem Grabe ist keine lebendige Seele begraben, außer
die zu meiner Familie gehört.
Lautertal (?)

Hier ruhet Wenzel Podiebrat,
Leibkutscher beim Grafen Kolowrat.
Ueber sein Bauch ging Wagenrad,
war er immer gar so brav,
ließ Stein ihm setzen der Herr Graf.
Prag/CSFR

Hier ruht Tomas Mest.
Im Leben ist er gwest
Schneider aus Prag,
hat gearbeitet Nacht und Tag.
Wer war Schuld an seinem Tod?
Unausgebackenes Laibl Brot.

Prag/CSFR

Gott, welche Trauer!
Achtundachtzig in einem Grab!

Grabschrift der am 18. Februar 1720 durch eine Schlag-
lawine Verschütteten – Obergesseln/Schweiz

Er sammelte allerlei Kräuter,
aber für den Tod hat er keins gefunden.

Gedenktafel für einen Kräutersammler in Oberurnen/
Schweiz

Hier liegt Hans Gottlieb Lamm.
Er starb durch einen Sturz vom Damm,
eigentlich hieß er Leim,
das paßt aber nicht in den Reim.

Rorschach/Schweiz

Steh, Wandrer, still, schau eines Mannes Schmerzen:
Hier liegt mein Weib, so sanft, so mild.
Jetzt liegt ein Stein auf ihrem Herzen,
auf meinem keiner mehr!

Zug/Schweiz

Hier ruht Johannes Hesserer,
ein schlechter Tenorist,
und lacht, weil er ein besserer
dort in dem Himmel ist.

Friedhof von Tainach

Sieh her, mein Kind,
dein Vater brinnt,
in Feier muß er bießen.
Ziech ihm heraus,

121

lösch Feier aus,
laß deine Sechser fließen.

Tarasp

Josef Hemerl, Bauersohn von Schlipsheim,
verunglückte hier unversehens beim Nachhausegehen,
26 Jahre alt, † 27. Nov[ember] 1869.
 Hier in diesen Fluß der Schmutter
 fand er, ach, sein frühes Grab,
  es weint der Vater, schreit die Mutter,
  der Basen druckt's das Herz halb ab.
 Zu was hast du den Steg verfehlt
 und nicht den Fuß aufs Brett gestellt?
 Jetzt ist ein Brett
 dein hartes Bett,
 dein gächer Tod
 bringt uns in Noth.

Westheim

Zum Abschluß sei noch ein Trinkspruch angeführt, wie er früher bei Begräbnissen am Weerberg aufgesagt wurde:

Die Eltern [oder Verwandten] des Verstorbenen lassen allen tausendfältigen Dank abstatten für die Begleitung zum Grabe, für das heilige Gebet, und für die im Leben und auch im Tode erwiesenen Wohltaten und Dienste. Da wir an die menschliche Sterblichkeit erinnert werden, laßt uns öfters an den Tod denken und Gott um die Gnade bitten, daß wir auch einst eines glückseligen Todes sterben und beim jüngsten Gericht die gewünschten Worte hören möchten:
Kommet her, ihr Gebenedeiten meines Herrn, nehmt Besitz von meinem Reiche, das euch von Anbeginn der Welt ist bereitet worden.
In dieser Absicht wollen wir noch an die abgestorbene Seele denken und ihr zur Hilfe und zum Troste fünf Vater unser samt dem apostolischen Glaubensbekenntnis mit Andacht beten.

Anhang: Zum Wort „Marterle"

Wenn man in den Alpen wandert, stößt man in Dorfnähe wie auf freiem Feld, im Wald wie im Hochgebirge immer wieder auf ein „Marterle". Form und Anbringungsweise wechseln. Das Wesentliche ist eine Bildtafel mit beigeschriebenem Text, der unter Angabe von Zeit und Umständen berichtet, daß an dieser Stelle jemand verunglückt, plötzlich gestorben sei und daß der Verstorbene dem Gebet des Vorübergehenden empfohlen werde.

Die bildliche Darstellung veranschaulicht entweder den Bericht, die Gebetshilfe oder bietet sonst einen religiösen Vorwurf. In zweiter Linie wird jede Bildsäule, jedes kleine Heiligtum, sofern es nicht schon die Ausmaße einer Kapelle erreicht, als „Marterle" bezeichnet. Doch ist der Name nur in Nordtirol üblich, in Südtirol und anderswo spricht man von einem „Stöckl" (Bildstock). Ausnahmsweise begegnet man auch in Nordtirol der Bezeichnung „Bildstöckl", so im alten Flurnamen in Obernberg im Wipptal „in der Marter". Dieser erinnert an eine Martersäule, an der die Werkzeuge der Leiden und der Kreuzigung Christi angebracht waren.

Der aus dem Salzburgischen in die Schwazer Gegend eingewanderte Martin Fohringer hieß im Volksmund „Marter-Martl", weil er Sprüche für Marterln verfaßte. Er starb 1917 im 64. Lebensjahr. Auch hochangesehene Kunstdichter – wie Bruder Willram (Anton Müller) – wurden um solche charakteristische Spruchverse angegangen. Der Haller Stiftsarzt und Schilderer der tirolischen Verhältnisse aus der ersten Hälfte des 17. Jahrhunderts, Hippolyt Guarinoni, berichtet in seinem Werk „Begründte Historie der Marter des heillig unschuldigen Kindts Andreaae von Rinn", das er 1651 abschloß, daß die Leute am Ort, wo das Kind gemartert worden sei, ein Kreuz aus Holz errichtet hätten, „inmassen allen Orten bräuchig, wann ein Mord fürgangen, man ein Saul, so man disshalben ein Martersaul nennt, aufsetze".

Wie kommt aber der Gegenstand zu seinem Namen? Soll der plötzliche Todesfall mit der „Marter" der christlichen Blutzeugen verglichen werden? Ein solcher Tod muß aber nicht schmerzlicher gewesen sein als ein anderer. Oder ist das Ursprüngliche die bildliche Darstellung, die zunächst etwa ein Martyrium zum Gegenstand gehabt hat?

Auch die Wissenschaft gibt keine Klarheit. Im Gegenteil, sie stellt uns eher vor neue Rätsel. Das „Deutsche Wörterbuch" von J. Grimm (Bd. VI, 1885) setzt beim Wort „Märterlein" die Angabe an die Spitze: „Märterlein, kleines Kreuz, Crucifix" und verweist dann auf die einschlägigen Angaben zu „Marter", wo unter anderem der in spätmittelalterlichen Texten häufig verwendete Ausdruck „Gottes Marter" (für das Leiden Christi) angeführt und dann bemerkt wird, im Bayrischen bedeute „Marter", diminutiv „Märterlein", das Kreuz als Zeichen des Leidens Christi. Das „Etymologische Wörterbuch der deutschen Sprache" (Kluge, 1943) fügt dem hinzu, daß schon im 15. Jahrhundert „Marter" als Darstellung des Leidens Christi begegnet. Offensichtlich steht bei dieser Bezeichnung, wie in der vollständigeren „Gottes Marter", die Bedeutung Marter=Pein im Vordergrund. Diese Bedeutung war mit dem Begriff des Martyriums von Anfang an nicht verbunden. Erst das Mittelalter hat sie immer stärker hervortreten lassen, entsprechend der immer größeren Neigung, am Los des Märtyrers das physische Leiden zu betonen und das Mitgefühl zu pflegen. So konnte man den Begriff der „Marter" mit Vorzug auf das Leiden Christi anwenden. Es ist aber schwierig, dort, wo die Bezeichnung „Marter" für Kruzifix gänzlich unbekannt geblieben ist und man von allen Wegheiligtümern gerade das Kreuz nicht als Marter oder Marterle bezeichnet wie in Nordtirol, anzunehmen, von solchem Ausgangspunkt her hätte sich die Benennung „Marterle" für einen beliebigen Bildstock und insbesondere für schlichte Totentäfelchen herausgebildet.

Es ist jedoch auch ein anderer Weg gangbar, und manches empfiehlt ihn. „Martyrium" bedeutet in der christlichen Frühzeit nichts anderes als Zeugnis, Zeugenaussage. Der vor der römischen Behörde stehende Christ bezeugt, daß Christus der Erlöser der Welt ist, und da andere Beweismittel versagen, setzt er Blut und Leben dafür ein. Martyrium ist demnach sein Blutzeugnis, Martyrium ist auch der Ort, wo der Märtyrer sein Zeugnis abgelegt hat, wo er gestorben ist oder begraben liegt. In letzterem Sinne wurde auch, nur in etwas engerer Bedeutung – nämlich für den Raum, der oft vor dem Märtyrergrab angelegt war –, das lateinische Wort confessio gebraucht, das in seiner Grundbedeutung „Bekenntnis" (für Christus) meint. Noch das im Jahre 1600 erschienene Ceremoniale episcoporum gebraucht diesen Ausdruck für den in alten Kirchen Roms mit dem Hauptaltar verbundenen Vorraum des Märtyrergrabes: martyrium seu confessio.

Als das Zeitalter der Verfolgungen vorüber war, nahm die Verehrung der Märtyrer, der Glaubenshelden, deren Standhaftigkeit so viel zum endlichen Sieg beigetragen hatte, einen gewaltigen Aufschwung. Die Grabstätten der Märtyrer, die wie andere Gräber meist vor der Stadt lagen, wurden mit Grabkapellen ausgestattet, die in Rom memoriale martyrum oder martyria hießen – ein Name, der bei den Griechen allgemein gebräuchlich war. Die bedeutendsten dieser Grabmale wurden zu den berühmtesten Grabbasiliken ausgebaut, so in Rom St. Peter, St. Paul, San Lorenzo, Sant' Agnese usw. Chrysostomos sprach in einer Predigt davon, daß die Stadt Antiochia von allen Seiten mit Überresten der Heiligen wie mit einem Festungskranz umgeben sei. Die aquitanische Pilgerin Aetheria, die gegen Ende des 4. Jahrhunderts das Hl. Land besuchte, stellte auf ihrem Weg immer wieder das Vorhandensein von Martyrien fest ("martyria aliquanta, martyria plurima"). In manchen Ländern entstand eine ernste Spannung zwischen den Märtyrerheiligtümern, zu denen das Volk mit Vorliebe hinströmte, einerseits und den Stadtkirchen, die in erster Linie für den Gottesdienst bestimmt waren, andererseits. Sie ist schließlich dadurch überwunden worden, daß auch in die Stadtkirchen Märtyrerleiber übertragen und die einzelnen Altäre mit einem Altargrab versehen wurden, das Reliquien von Märtyrern enthielt.

In der Folge errichtete man unabhängig von der Grabstätte Heiligtümer zu Ehren der Märtyrer, und auch sie wurden Martyrien genannt. Isidor von Sevilla († 636) nannte das Martyrium „ein Bauwerk, das errichtet ist zum Gedächtnis eines Märtyrers, 'in memoriam martyri', oder weil sich dort das Grab von heiligen Märtyrern befindet". Walafried Strabo († 849) sagt, Martyrien seien Kirchen, die „in honore aliquorum martyrum" errichtet wurden. Es ist also für den Begriff des Martyriums nicht mehr wichtig, daß sich das Grab an der Stelle befindet. Auch die Größe des Bauwerkes ist damals wie heute unwesentlich. So gibt DuCange in seinem Lexikon des Spätlateins (1887) als erste Bedeutung von martyrium an: „aedes sacra Deo sub martyrium invocatione dicata". Wenn man bedenkt, daß – von den Wegkreuzen abgesehen – ein Großteil der kleinen Heiligtümer, denen wir in unserem Land an Feld- und Waldwegen begegnen, den bei uns besonders verehrten Märtyrern (Laurentius, Sebastian, Florian, Georg, Vitus, Katharina usw.) gewidmet sind, wird verständlich, daß man auch diesen schlichteren Denkmälern die Bezeichnung Martyrium (oder entsprechend ihren bescheidenen Ausmaßen Märterlein bzw. Marterle) gewidmet hat.

Im 15. Jahrhundert begegnet uns „Marter" als Darstellung des Leidens Christi. Bei dieser Bezeichnung steht die Bedeutung Marter=Pein im Vordergrund. Im Mittelalter neigte man stark dazu, am Schicksal des Märtyrers das physische Erleiden zu betonen und somit das Mitgefühl zu fördern. Der Begriff der „Marter" wurde vorzugsweise auf das Leiden des Herrn und Heilandes angewandt. Ein alpenländisches Beispiel für das Fortleben des Namens Martyrium im genannten Sinn, dazu noch in einer dem Wort Marterle nicht unähnlichen Weiterbildung, liegt vor St. Moritz (St Maurice) im Wallis. Dort heißt der Platz, auf dem einst die Grabesbasilika des Heiligen Mauritius stand, Martolet, was über „martoretum" auf „martyrium" zurückgeführt wird.

So dürfte also das bayrische „Marter"-Kreuz von dem tirolischen „Marterle"-Bildstock gänzlich zu trennen sein und der auf einen Unglücksfall bezogene „Marterle"-Bildstock als Totengedenktafel nur eine an die äußere Ähnlichkeit anknüpfende weitere Verwendung des Wortes darstellen. Doch könnte erst die Durchforschung der einschlägigen sprachlichen Anhaltspunkte, die hier begründete Wahrscheinlichkeit zur Gewißheit erheben.

Bildnachweis: Archiv Berenkamp Verlag 33[2], 33[3], 49[3], 57[3], 89[1-4], 93[1]; Martin Reiter 29, 53, 61, 88, 97, 101, 119; alle anderen Hans Guggenberger (Museumsfriedhof Kramsach)

Register der Ortsnamen

128